Kontaktadresse nach EU-Produktsicherheitsverordnung:
produktsicherheit@droemer-knaur.de

Über den Autor:
Farid, geboren 1981, zaubert seit seinem zehnten Lebensjahr. 2008 avancierte er in der Sendung *The next Uri Geller* zum Publikumsliebling, später zeigte er seine spektakulären Illusionen im eigenen TV-Format *Street Magic*. Daneben entwickelte er ein eigenes Show-Programm, mit dem er die Hallen füllt. Farid lebt in Hagen und Berlin.

FARID

Du durchschaust mich nicht!

Das Geheimnis der Magie

Knaur Taschenbuch Verlag

Besuchen Sie uns im Internet:
www.knaur.de

Originalausgabe November 2012
Knaur Taschenbuch

Ein Unternehmen der Droemerschen Verlagsanstalt
Th. Knaur Nachf. GmbH & Co. KG, München

Text in Zusammenarbeit mit Sylvia Gredig, Köln
Umschlaggestaltung: ZERO Werbeagentur, München
Umschlagabbildung: FinePic®, München
Satz: Daniela Schulz, Puchheim
Printed in Germany
ISBN 978-3-426-78549-2

2 4 5 3

Inhalt

Wer bittet schon seine Mutter, ihren Arm in eine Guillotine zu legen?

Meine erste und einzige Zauberguillotine war schwarz und stand auf einem selbstgebauten Stativ. Ich muss 16, 17 Jahre alt gewesen sein, denn ich trat bereits hier und da mit einer kleinen Show auf. Von den Einnahmen hatte ich monatelang auf die Guillotine gespart. Und jetzt übte ich jeden Tag, bestellte kistenweise Gurken bei meiner Mutter, die ich in meinem neuen Zaubergerät fleißig zerteilte. Als ich mir in der Handhabung sicher war, wollte ich endlich vor Publikum üben.

Ich plante eine Vorführung im Wohnzimmer meines Elternhauses und richtete für diesen Abend alles her, stellte sogar die Möbel um, um so eine Bühnensituation zu simulieren.

Die Guillotine war noch mit einem schwarzen Tuch abgedeckt. Unter ihr hatte ich einen Eimer plaziert, in den die zerteilten Gurkenstücke fallen sollten. Daneben war ein kleiner Tisch mit mehreren Gurken darauf. Nur ein Stuhl fehlte noch.

Als alles fertig war, holte ich meine Zuschauer herein: meinen Vater, meine Mutter, meine Schwester und unsere zwei Katzen.

»Och nein, Farid, das ganze Wohnzimmer ist umgeräumt, was soll das denn?« Ich versuchte, die persönliche Äußerung meiner Mutter zu übergehen und mich im Bemühen, eine möglichst authentische Bühnenshow zu präsentieren, nicht stören zu lassen.

Herzlich begrüßte ich mein Publikum und sprach ein paar einführende Worte; zur Einstimmung auf die Vorführung gab ich gruselige Anekdoten aus dem Mittelalter zum Besten. Dabei zog ich das Fallbeil nach oben, nahm es auseinander, um die Klinge zu zeigen, setzte alles wieder zusammen und zerhackte

eindrucksvoll drei Gurken. Mein Publikum saß ruhig auf seinen Stühlen. Zu ruhig.
Das änderte sich, als ich meine Mutter zu mir nach vorn auf die Wohnzimmerbühne bat. Mein Vater lachte begeistert, meine Schwester kicherte. Immerhin spitzten die Katzen die Ohren.
Ich wies auf den Stuhl, und meine Mutter nahm zögerlich Platz.
»Muss das sein, Farid?«
»Du bist die Erste, mit der ich dieses große Zauberkunststück durchführe«, sagte ich schmeichelnd, zog die Klinge hoch und legte eine Gurke in das untere der beiden Löcher.
»Mama, streck doch bitte einen Arm aus!«, sagte ich in einem bestimmenden, aber freundlichen Ton. »Nein, bitte den anderen, du bist doch Rechtshänderin. Den rechten brauchst du noch.«
Meine Mutter sah mich fragend an, tat aber, was ich sagte.
Mein Vater lachte wieder, meine Schwester kicherte wieder, und die Katzen legten sich wieder hin.
»Und jetzt steck bitte deine Hand durch diese Öffnung.« Ich zeigte auf das obere Loch.
Meine Mutter rührte sich nicht, saß noch immer mit dem ausgestreckten Arm da und sah mich entgeistert an.
»Und jetzt steck bitte deine Hand durch diese Öffnung.« Abermals zeigte ich auf das obere Loch. Sie wollte anscheinend einen Scherz machen.
»Ich steck doch nicht meinen Arm da durch!«
»Mama!« Damit hatte ich nicht gerechnet.
Meine Mutter hatte bisher alle Kunststücke mitgemacht, die ich mit ihr als Testperson ausprobiert hatte.
»Nein! Ich mach das nicht.« Sie ließ den Arm sinken.
»Hahaha …« Meinem Vater gefiel die Show.
Meine Schwester kicherte diesmal nicht. Die Katzen hatten sich eingerollt.

»Mama, ich weiß, was ich tue, ich bin Zauberer!«
»Nimm doch etwas anderes! Da sind doch noch Gurken.«
Mein Vater rief: »Liebes, nun steck doch deinen Arm durch das Loch! Dein Sohn weiß, was er tut – er ist jetzt Zauberer. Hahaha …«
»Nein, ich mach das nicht. Mach es doch selbst. Unterstütze du doch deinen Sohn!«
Das kannte ich schon. Wenn es nicht so gut lief, war ich nicht mehr ihr Sohn, sondern der Sohn meines Vaters. Ein sehr schlechtes Omen.
Und tatsächlich, ich musste zum ersten Mal – und zum Glück blieb es bisher das einzige Mal – eine Vorführung abbrechen, denn meine Mutter weigerte sich, mein Vater weigerte sich, und auch meine Schwester weigerte sich, einen Arm in die Guillotine zu legen. Die Katzen duckten sich weg. Und ich weigerte mich, den Hauptact der Illusion nur mit Gurken durchzuführen.

Es kam niemals zu einer öffentlichen Vorführung dieses Zauberkunststücks. Ich hatte schließlich selbst den Eindruck, diese Nummer passe nicht zu mir. Und so tauschte ich das teure Gerät im Zauberhandel gegen eine große Kiste Kartenspiele.

KAPITEL EINS:
Hallo, ich bin Farid, Magier von Beruf

Magie ist etwas Geheimnisvolles und Wunderschönes, sie lässt uns staunen und selbst ältere Menschen wieder zu Kindern werden. Ich finde, diese magischen Momente sind Gold wert. Schau dir bei einem Einkauf oder einem Spaziergang doch mal bewusst die Leute um dich herum an. Wie viele hetzen durch ihr Leben, sind gestresst? Da schimpft einer auf dem Parkplatz, weil ihm ein anderer die letzte freie Parkbucht weggeschnappt hat; ein Vater rollt mit hochrotem Kopf den vollbepackten Einkaufswagen mit integriertem Kindersitz in Form eines Autos durch die engen Supermarktgänge, während das Kind fröhlich eine Hupe nachahmt; und selbst im Park beim Entenfüttern hört man über dem lauten Geschnatter der Enten noch die verärgerten Rufe eines Radfahrers, weil zwei alte Leutchen mit einer Tüte Brotkrumen das Federvieh mitten auf den Radweg gelotst haben. Ich persönlich liebe es, in dieses pralle Leben hineinzuspringen, die Leute aus ihrem Alltag in die Welt der Magie zu entführen und ihnen ein verblüfftes Lächeln ins Gesicht zu zaubern.

Aber was genau steckt hinter der Illusionskunst – der Magie? Warum kann man sich noch so konzentrieren und kommt einfach nicht dahinter, wie der Magier es schafft, etwas verschwinden und wieder erscheinen zu lassen?

Magier lassen sich eben nicht gern durchschauen. Oder hast du schon einmal im Internet nachgesehen, wie ein bestimmter Zaubertrick funktioniert? Ich kann mir gut vorstellen, dass du enttäuscht warst, weil du dich so einfach hinters Licht führen hast lassen. Vielleicht aber warst du überrascht, wie ausgebufft die Umsetzung einer Illusion sein kann?

Egal, wie simpel oder kompliziert ein Zauberkunststück ist, die Leute fallen immer wieder darauf herein. Obwohl es inzwischen unzählige Bücher und Videos gibt, in denen Tricks Schritt für Schritt erklärt werden. Eigentlich könnte mich jeder durchschauen, aber die Magie – oder was wir für Magie halten – ist zu faszinierend, als dass wir den Glauben daran aufgeben wollen. Ich kann mich nicht beschweren, die Leute kommen immer noch in Scharen in meine Shows.

Manche Leute hören nicht auf zu wettern, Magie sei Lug und Betrug. Und in gewisser Weise haben sie recht, denn wir Magier täuschen sie. Aber nicht, um sie zu ärgern oder ihnen Schaden zuzufügen oder um sie neidisch zu machen – »Ich kann was, was du nicht kannst« –, sondern um sie zu unterhalten, zu überraschen, ihnen Freude zu bereiten und Ablenkung zu verschaffen. Wie hoch soll die Strafe für solch ein Vergehen sein?

Ich möchte dich im Folgenden in meine Welt der Magie entführen, dich hinter die Kulissen blicken lassen und dir verwandte – und nicht immer seriöse – andere Meister der Täuschung und Ablenkung vorstellen. Von allen können wir etwas lernen, ohne gleich selbst zum Betrüger oder Hochstapler zu werden. Das Leben wird leichter, wenn wir ihm hin und wieder einen Schuss Magie verpassen. Und manchmal kann Unmögliches auf magische Weise Wirklichkeit werden!

Doch bevor ich dich hinter das Geheimnis der Magie schauen lasse, erzähle ich dir noch, wie ich überhaupt dazu gekommen bin, den etwas ungewöhnlichen Beruf des Magiers zu ergreifen.

Ich wollte schon als Kind unbedingt Zauberer werden. Andere Jungs hätten wohl »Feuerwehrmann« oder »Fußballprofi« geantwortet, auf die Frage, was sie einmal werden wollen. Bei mir war eben der Zauberer das erklärte Berufsziel. Damit erntete ich auf Familienfesten oder bei Verwandtenbesuchen regel-

mäßig schmunzelnde Blicke. Und später, als ich dann bereits volljährig war, ungläubiges Stirnrunzeln.
Und obwohl ich heute bewiesen habe, dass auch aus einem Zauberer was werden kann, können sich die meisten nicht vorstellen, wie mein Leben wirklich aussieht. »Kann man damit denn Geld verdienen?«; »Und was machen Sie hauptberuflich?«; »Sie stammen also aus einer Zirkusfamilie?« – Diese Dinge bekomme ich ständig zu hören, auch wenn viele mich mittlerweile aus dem Fernsehen kennen.
Magier werden zu wollen, das ist also nichts Gewöhnliches. Aber daran haben meine Eltern ganz bestimmt nicht gedacht, als sie den persischen Namen Farid für mich wählten, der so viel bedeutet wie »etwas Besonderes, etwas Einzigartiges«. Und doch haben sie mir das Wichtigste mitgegeben, um diesen Weg überhaupt beschreiten zu können: Ihre Liebe und Erziehung haben in mir die Kraft wachsen lassen, an mich und meine Ideen zu glauben, und seien sie auch noch so verrückt. Die beste Voraussetzung für meinen Beruf.
Und weil ich immer wieder gefragt werde, wann ich denn mit dem Zaubern angefangen habe und wie ich auf die verrückte Idee kam, damit auch noch mein Geld verdienen zu wollen, beginne ich jetzt noch mal von vorn.

Ich wurde im Bergischen Land geboren. Meine Mutter, eine Deutsche, und mein Vater, ein Perser, der als junger Architekturstudent nach Deutschland gekommen war und hier eine neue Heimat fand, schenkten mir und meiner zwei Jahre älteren Schwester ein geborgenes Zuhause. Wir Kinder lernten beide Kulturen unserer Eltern kennen; und es ist für uns selbstverständlich, offen auf Menschen zuzugehen, gleichgültig woher sie stammen oder welcher Religion sie angehören. Unser Zuhause war europäisch *und* persisch eingerichtet; es gab deutschen Eintopf wie bei Großmuttern ebenso wie die typischen persischen Gerichte mit Gemüse- und Fleischsoßen, *Khorescht*, meist traditionell mit Reis und Safran zubereitet, den uns die Großeltern väterlicherseits allerdings direkt vom Kaspischen Meer zukommen ließen.

Als der Bruder meines Vaters ihn bat, ihn bei einem Bauprojekt in Teheran zu unterstützen, überlegten meine Eltern nicht lange. Mein Vater nahm mich – denn ich war im Gegensatz zu meiner Schwester noch nicht schulpflichtig – zu der langen Reise in seine Heimat mit, und meine Mutter kam uns so oft wie möglich besuchen.

Obwohl mir bereits als Fünfjähriger die persische Kultur teilweise vertraut war, verspürte ich den großen Unterschied zwischen dem beschaulichen Leben in unserem ländlichen Haus bei Gummersbach und dem großen Teheraner Stadthaus, in dem mehrere Angestellte für Wohl und Ordnung sorgten. Der Umgang der Familienmitglieder untereinander war anders, als ich es von zu Hause kannte. Mein Vater siezte seine Eltern, wie es dort auch heute noch im Umgang mit älteren Generationen üblich ist, und es wurde großer Wert auf Respekt und Benimm gelegt. So kann ich mich nicht daran erinnern, dass ich mit den persischen Großeltern ähnlich intensiv gekuschelt habe, wie ich es mit Oma und Opa in Deutschland tat.

Womöglich lag es auch an dieser Distanz, dass mir mein persischer Großvater so eindrucksvoll in Erinnerung ist. Er war, wie beinahe alle Männer in Vaters Familie, von einer stattlichen Größe, doch anders als mein Vater machte er die meiste Zeit ein ernstes Gesicht. Ich weiß noch, dass ich ihn oft heimlich beobachtet habe, wenn wir zusammen im Hof saßen und sich die Männer unterhielten. Nur selten rief er mich zu sich, um mir etwas zu sagen oder zu geben. Meist haben wir uns dann mehr mit Händen und Füßen verständigt, weil ich nur wenige Brocken Persisch verstand.

Doch eines Nachmittags hörte ich ihn meinen Namen rufen. Neugierig lief ich in den Wohnsalon, wo er mich in der großzügig angelegten Sitzecke aus handgeknüpften Perserteppichen erwartete. Hier saß ich besonders gern, denn man hatte den besten Blick auf den leise plätschernden Teich – Teich? Richtig gelesen, es gab einen Teich mitten im Wohnzimmer, allerdings ohne Fische. An diesem Nachmittag kam ich gar nicht dazu, die üppige Pflanzenwelt unter Wasser zu bestaunen, denn bereits beim Näherkommen zwinkerte mir Großvater verschwörerisch zu, wie er es noch nie getan hatte. Sofort klopfte mein Herz vor Aufregung. Ich wusste zwar nicht, was passieren würde, spürte aber augenblicklich, dass er etwas Besonderes im Schilde führte.
Großvaters dunkle Augen funkelten geheimnisvoll, als sich seine rechte Hand meinem Gesicht näherte. Nur einen Wimpernschlag später zog er eine persische Münze hinter meinem linken Ohr hervor. Aber das konnte doch gar nicht sein! Ich betastete die Stelle. Dann überlegte ich, dass er die Münze sicher schon in seiner Hand gehalten hatte, bevor er an mein Ohr gegriffen hatte. Was ich damals noch nicht verstand: Das Wichtige an diesem Moment war, dass mich Großvater mit seinem Einstiegstrick vollkommen in den Bann gezogen hatte; ich ließ ihn und die Münze nicht mehr aus den Augen. Und das ist die beste Voraussetzung für das Gelingen eines Zauberkunststücks, wie ich heute weiß.
Großvater sagte nun etwas auf Persisch und wies dabei mit dem Kopf auf den Platz neben sich. Und was dann geschah, hielt ich für echte Magie: Er ließ die Münze verschwinden.
Zuerst lag sie noch auf seiner rechten Handfläche. Er drückte mit der Mittelfingerspitze der linken Hand gegen die Münze und schloss seine rechte Hand, aber nur so weit, dass ich die Münze unter dem Finger noch sehen konnte. Dann drehte er

seine Hand um, und die verschlossene Handfläche zeigte nach unten. Wie in Zeitlupe drehte er die Hand noch einmal ein Stück zurück, so dass ich den Rand der Münze in seiner Hand schimmern sah. Die Münze war also immer noch da, wurde von dem Mittelfinger gehalten. Jetzt bewegte Großvater die Hand wieder zurück, zog den Haltefinger heraus und schloss die Hand fest. Ich starrte auf seine geballte Faust und wartete. Die Spannung stieg. Langsam drehte er die Hand erneut, wie in Zeitlupe, bis die Handfläche wieder nach oben zeigte. Er öffnete seine Finger mit einer magischen Geste: Die Hand war leer. Unglaublich! Das konnte nur Zauberei sein, denn ich hatte es selbst genau gesehen, die Münze hatte sich die ganze Zeit in der Hand befunden; Großvater hatte die Hand lediglich geschlossen und ein paarmal gedreht – und jetzt war die Münze verschwunden! Ich hatte keine Erklärung dafür. Sie hatte sich in Luft aufgelöst.

Mein Großvater sah mein verdutztes Gesicht und begann zu lachen. Jetzt musste auch ich lachen, vor Staunen und weil Großvater lachte und weil es nach der ganzen Spannung guttat, zu lachen. So einen Spaß hatten wir noch nie zusammen gehabt. Es war der erste magische Moment, den ich bewusst erlebt habe. Und es war auch ein magischer Moment in der Beziehung zu meinem persischen Großvater.

Erst Jahre später habe ich mich gefragt, wie der alte Mann es geschafft hatte, die Münze verschwinden zu lassen. Leider konnte ich ihn nicht mehr fragen. Entweder hatte er sie heimlich und geschickt in seinen Schoß fallen lassen – ein klassischer und einfacher Trick, der jedoch eines gewissen Geschicks und vor allem einer souveränen Ablenkungskunst bedarf. Oder er benutzte eine komplizierte Methode, indem er die Münze mit einem hauchdünnen Faden auf den Handrücken zog, so dass sie für mich nicht mehr in der Hand zu sehen war. Dies wäre allerdings schon profimäßiges Zaubern gewesen. Profizauberer war Großvater aber sicher nicht, vielmehr ist es in vielen orientalischen Ländern üblich, dass sich die Männer die Freizeit mit Kartenspielen oder mit Tricks vertreiben, die sie sich gegenseitig zeigen. Während unseres Aufenthalts in Teheran zauberte mein Großvater noch einige Male für mich, und ich schaute immer völlig gefesselt und begeistert zu.

Zurück in Deutschland dachte ich noch oft an Großvater und seine Zauberkunststücke und entdeckte, dass es viele andere große Meister auf diesem Gebiet gab. Nachdem ich in der Schule lesen gelernt hatte, lieh ich mir aus der Bücherei in Hagen nach und nach sämtliche Bücher rund ums Zaubern und die Welt der Magie aus, sogar einige, die für Erwachsene geschrieben waren, und zur Verwunderung meiner Mutter später auch englische Bücher. Meine Mutter war doppelt überrascht: Sollte ich plötzlich zu einer Leseratte mutieren? Wollte ich mir selbständig eine neue Sprache beibringen? Aber die Erwachsenen unterschätzen es, wie viel Englisch man allein durch Songtexte lernen kann.

Ich schaute mir damals alle Zaubershows im Fernsehen an, vor allem David Copperfield faszinierte mich. Von seiner berühmten Illusion, bei der er die Freiheitsstatue hatte verschwinden lassen, sprachen die Leute überall. Und dann schenkte mir meine Tante doch tatsächlich eine Eintrittskarte für eine Live-Show von David Copperfield in der Dortmunder Westfalenhalle. Das war total aufregend für mich: Ich hatte die Chance, *den* großen Magier aus den USA live zu sehen. Klar, dass ich ihm zumindest die Hand schütteln wollte.

An besagtem Tag saß ich mit meiner Tante am Mittelgang in der großen Veranstaltungshalle und versuchte, jede kleine Bewegung meines damaligen Idols mitzuverfolgen. Ich war begeistert davon, wie er seine Illusionen in Geschichten einbettete, diese Art von Magie war so viel mehr als ein bloßer Kartenzaubertrick. Plötzlich geschah etwas besonders Spektakuläres: Copperfield, eben noch auf der Bühne, hatte sich innerhalb einer Sekunde in Luft aufgelöst. Im nächsten Moment tauchte er mitten im Publikum wieder auf, ganz in meiner Nähe. Wie hatte er das nur geschafft? Geistesgegenwärtig streckte ich meinen Arm aus, als er an uns vorbei den Gang entlang zur Bühne zurücklief – und tatsächlich, er drückte meine Hand! Yep! Der Handschlag hatte schon mal geklappt.

Am Ende der Show ging ich zu einem Herrn wenige Plätze vor mir, von dem ich mir ein Autogramm auf mein Programmheft geben ließ, das ich heute noch besitze. Es war Copperfields Vater, den außer mir keiner zu erkennen schien. Gleich danach war er allerdings von Sicherheitsleuten umgeben.

Seit dieser Zeit übte ich selbst wie besessen Zauberkunststücke ein, viele hatte ich aus dem Fernsehen auf Video aufgenommen. Mühsam versuchte ich herauszufinden, wie die Tricks funktionierten. Wenn ich einen nachstellen konnte, führte ich die Nummer meinen Eltern oder dem Rest meiner zahlreichen Verwandtschaft vor. Natürlich funktionierte nicht immer alles, aber nur so konnte ich herausfinden, was ich anders machen oder worauf ich beim nächsten Mal achten musste. Mit der Zeit wurde ich geschickter und sicherer, wagte mich an schwierigere Nummern heran und erprobte mein Können nun auch bei größeren Festen im Familien- oder Bekanntenkreis.

Einige Zauberutensilien wie Tücher, Schnüre, mehrere Kartenspiele, Zauberbecher usw. gehörten inzwischen zu meiner Grundausstattung, für die ich zu einem Geburtstag auch eine Tasche geschenkt bekam. Wie gern hätte ich die Schultasche morgens stehengelassen und meine Zaubertasche mitgenommen, um meinen Freunden in den Pausen ein paar größere Kunststücke vorzuführen! Ich besuchte mittlerweile die Gesamtschule, und wenn ich mich in den Schulstunden auch meist zurückhalten konnte, auf dem Pausenhof musste ich immer irgendeinen Trick üben oder führte irgendjemandem etwas Neues vor. Ohne Kartenspiel verlasse ich übrigens bis heute nicht das Haus. Nur dass damals kaum eine freie Minute verging, in der ich nicht irgendeinen Trick oder Kunstgriff übte oder Fingerübungen machte. Selbst im Schulbus, wenn die anderen ihre Gameboys auspackten oder Musik hörten, blieb ich bei meiner Leidenschaft, und das muss es schon damals gewesen sein, eine Leidenschaft, also viel mehr als nur ein Hobby oder ein Zeitvertreib.

Eines Tages verkündeten meine Eltern, dass wir nach Wien ziehen würden. Eine elfstündige Zugfahrt stand bevor, und ich hatte auch schon eine Idee, wie ich mir diese lange Zeit vertreiben konnte. Ich wünschte mir einen neuen Zauberkasten. Heute muss ich schmunzeln, wenn ich daran denke: Die ungenutzte Fahrtzeit war meine einzige Sorge, den Orts- und Schulwechsel nahm ich gelassen.

Der Grund für unseren Umzug nach Wien war, dass sich meine Eltern eine neue Existenz aufbauen wollten. Sie eröffneten im 1. Bezirk, direkt am Stephansdom, ein riesiges Fachgeschäft für edle Perserteppiche, was damals etwas Besonderes war. Zu meiner Freude hatten meine Eltern im Geschäft einige Angestellte, denen ich fortan sämtliche Zaubertricks vorführte.

Einer der Mitarbeiter war Reza. Immer, wenn ich meinen Vater im Geschäft besuchte, zauberte ich für Reza, und welch ein Glück: Er liebte es! »Wie machst du das nur, Farid?«, rief er meistens aufgeregt. Und wenn ein Trick mal nicht funktionierte, sagte er: »Den musst du mir aber noch mal zeigen. Der scheint richtig schwer zu sein.«

Reza war der beste Lehrer, den man sich denken kann, obwohl er selbst gar nicht zaubern konnte. Das machte nichts, denn

durch sein Interesse und seine Begeisterung motivierte er mich, dranzubleiben. Manchmal gab er mir sogar etwas Geld, damit ich neue Requisiten kaufen konnte.
Er war es auch, der mir den Laden für Zauberutensilien zeigte. Ich wusste nicht einmal, dass es solche Läden gab, deshalb glaubte ich ihm nicht, als er mir davon erzählte: »Reza! Es gibt ein Geschäft, in dem Zaubertricks verkauft werden? So wie ein Supermarkt Lebensmittel verkauft? Niemals! Dann würde doch keiner Zauberkästen kaufen!«
Ich wollte ihn ein wenig provozieren, und Reza wäre tatsächlich am liebsten auf der Stelle mit mir in den Zauberladen gegangen. Aber er konnte nicht weg: »Farid, morgen in der Mittagspause gehen wir gemeinsam in diesen Zaubersupermarkt«, versprach er. Wenn ich daran denke, klingt mir noch sein persisch-österreichischer Akzent in den Ohren.
Als wir am nächsten Tag vor besagtem Geschäft standen, rief er lachend: »Ach, was haben wir denn hier? Das sieht ja aus wie ein Zaubersupermarkt!«
Ich sah mich staunend um, vor allem von der geheimnisvollen Auslage in einer großen gläsernen Vitrine konnte ich gar nicht genug bekommen. Ich ließ mir von der freundlichen älteren Verkäuferin, einer typischen Wiener Dame, alles Mögliche zeigen. Und zum Schluss sagte Reza, dass ich mir etwas aussuchen dürfe. Ich nahm Spielkarten, obwohl ich die schon zur Genüge zu Hause hatte. Weil ich von all den Tricks und Requisiten, die es hier gab, so überwältigt war, konnte ich mich spontan gar nicht für etwas Neues entscheiden.
Noch nicht. Denn ab sofort schlug ich mehrmals pro Woche in der »Zauberklingl« auf, mal, um zu stöbern, mal, um mir von Maria, der Verkäuferin, einen Trick zeigen zu lassen. Danach sah sie mich jedes Mal mit hochgezogenen Brauen durch ihre Brillengläser an und wartete mein Urteil ab. Auch Maria habe

ich viel zu verdanken. Selbst wenn eine ganze Tourigruppe den Laden stürmte, um irgendwelche Souvenirs zu erstehen, die es hier ebenfalls gab, unterbrach sie ihre Lehrstücke nicht, sondern führte sie umso konzentrierter durch. Und wenn ein Trick richtig gut war, dann klatschten die anderen Kunden und ich Beifall.

Von dieser positiven Stimmung, die sich beim Zaubern zwischen den Menschen einstellt, konnte ich schon damals nicht genug bekommen. Das wollte ich am liebsten immer wieder haben. Mit anderen zusammen etwas Geheimnisvolles, Magisches zu erleben, ist ein sehr intensives Gefühl. Dafür braucht es keine große Bühne.

Bald zauberte ich auch für Maria, und sie zeigte mir ihre Anerkennung, indem sie mir Aufgaben übertrug, für die ich mir hinterher Requisiten aussuchen durfte. So schrieb ich zum Beispiel Zauberanleitungen. Maria empfahl mich auch weiter, und so kam ich als 15-Jähriger an meinen ersten bezahlten Auftrag: im Sultan-Kostüm bei einer Firmenfeier für McDonald's zaubern. Lohn: McDonald's-Gutscheine im Wert von 2000 Schilling – damals waren das etwa 280 Mark, umgerechnet also ungefähr 140 Euro. Unfassbar viel für mich zu der Zeit. Die Gutscheine haute ich mit meinen Klassenkameraden während der nächsten Wochen natürlich sofort auf den Kopf.

Mein Auftritt war zwar ein voller Erfolg, aber er ist mir doch nicht ganz in guter Erinnerung geblieben. Ich mochte dieses pompöse Sultan-Kostüm nicht, das ich anziehen musste. In dieser Maskerade kam ich mir einfach lächerlich und falsch vor. Und das lag nicht nur an meinem pubertären Alter, es ist bis heute so geblieben, dass ich jegliche Art von Verkleidung für meinen Zauberstil ablehne. Ich ziehe einen Frack oder Smoking höchstens an, wenn es sich für eine Veranstaltung gebietet, aber sonst möchte ich weitgehend authentisch bleiben und das anziehen, was ich auch sonst trage. Farid der Magier ist keine Kunstfigur, ich brauche den Kontakt mit den Menschen und möchte ihnen auf Augenhöhe begegnen. Zaubern mitten auf der Straße, im Alltag, und die Augen der Menschen durch Magie unverhofft zum Leuchten bringen. Da stört Maskerade nur. Die Jugendjahre in Wien brachten mich der professionellen Magie näher, als ich es zu träumen gewagt hätte. Einmal, ich war 15, wurde ich über Maria engagiert, um in der Wiener Staatsoper zu zaubern. Wie froh war ich, dass mir meine Mutter kurz zuvor erst für ein großes Magiertreffen mit Dinner, für das ich mich selbstbewusst angemeldet hatte, ein Paar schwarze Schuhe zum schwarzen Anzug gekauft hatte. So betrat ich den Prunkbau in angemessener Kleidung und unterhielt die Besucher im feierlich beleuchteten Foyer. Natürlich war ich aufgeregt, aber schon damals gab mir das Lampenfieber auch den nötigen Kick, um selbstbewusst auftreten und anderen Menschen ohne Scheu begegnen zu können.

Die Magie war mehr als nur ein Hobby für mich, was meiner schulischen Laufbahn nicht gerade Auftrieb gab. Die Zeit, die ich für das Üben von Kunststücken nutzte, fehlte natürlich für die Hausaufgaben und zum Lernen. Im österreichischen Schulsystem musste man sich in der achten Klasse entscheiden, auf welche Art weiterführende Schule man gehen möchte.
Empfohlen wurde uns eine, in der man nicht nur die Matura machen kann, sondern auch schon eine Berufsrichtung festlegt. Gemeinsam mit meinen Eltern beschloss ich, die Höhere Technische Bundeslehranstalt für Architektur zu besuchen, schließlich waren mein Vater und mein Onkel Diplomingenieure. Aber trotz der familiären Vorbelastung waren technische Fächer nicht wirklich mein Ding.
Nachdem ich mich zwei Jahre lang mehr schlecht als recht auf

dieser Schule durchgeschlagen hatte, nahte plötzlich unverhofft die Rettung. Das Heimweh meiner Mutter nach Hagen war so groß, dass wir unsere Zelte in Wien abbrachen und zurück nach Deutschland zogen. Hier konnte ich wieder auf die Gesamtschule, die ich schon als Kind besucht hatte, und wechselte ohne Probleme in die elfte Klasse.

Besonders schön war, dass ich wieder mit meinen alten Freunden zusammen sein konnte, zu denen ich immer den Kontakt gehalten hatte. Doch jetzt waren wir älter, manche hatten schon eine Freundin, und ich hatte das Gefühl, einiges aufholen zu müssen. Neben der Schule arbeitete ich weiter an meiner Illusionskunst, aber ich ging jetzt auch mehr raus und traf mich mit Freunden.

Für das Abi bereitete ich mich nicht wirklich intensiv vor, das Zaubern war mir immer wichtiger. Erst wenige Wochen vor den Prüfungen wurde mir klar, dass ich ohne Lernen nicht weit kommen würde. Ab diesem Moment büffelte ich wie ein Wahnsinniger. Bis spät in die Nacht, so dass sich meine Eltern schon sorgten, weil ich nur wenige Stunden Schlaf bekam. Als das Abi dann gut geschafft war, freuten sie sich. Und erst recht begeistert waren sie, als ich nach dem Zivildienst in einem Krankenhaus zum Jurastudium an die Uni Bochum ging. Ein Jurist in der Familie kann schließlich nicht schaden!

Aber auch da hatten sich meine Eltern zu früh gefreut. Viel Zeit zum Studieren hatte ich nämlich nicht, denn ich trat bereits mehrmals pro Woche als Magier in Clubs in Bochum und Düsseldorf auf, entwickelte Showkonzepte für Restaurants und wurde oft auf Messen gebucht. Dafür kreierte ich immer öfter eigene Illusionen, für die ich Requisiten beschaffen und die ich einüben musste. Ohne es mir auf die Fahne geschrieben zu haben, arbeitete ich bereits daran, mir als Magier einen eigenen Stil und ein vorzeigbares Repertoire anzueignen.

Inzwischen fragten meine Eltern immer häufiger nach, ob ich denn noch genug Zeit für mein Studium hätte. »Klar!«, beruhigte ich sie. Das stimmte aber nicht wirklich. Und hey, die Auftritte haben enorm Spaß gemacht, viel mehr Spaß jedenfalls, als tausend Paragraphen auswendig zu lernen.

Trotzdem war das Jurastudium hilfreich, vor allem, als ich mich bei den Eltern meiner damaligen Freundin vorstellte. Ich verkniff mir, mich als Zaubernerd zu enttarnen – »Ich habe früher schon mein ganzes Taschengeld für Spielkarten, Becher mit doppeltem Boden und unsichtbare Fäden ausgegeben …« –, und erzählte auch nichts von den Videos, die ich mit meinem besten Freund Pierre drehte, um sie bei YouTube einzustellen.

Doch genau diese Videos brachten mir in kurzer Zeit so große mediale Aufmerksamkeit, dass ich erste TV-Auftritte bekam. Wenig später erhielt ich eine unglaubliche Chance bei Sony-BMG, die mich 2007 als weltweit ersten Zauberkünstler unter Vertrag nahmen. Bereits ein Jahr später trat ich in der ersten Staffel der großen Pro-7-Show *The next Uri Geller* als Mentalist auf, und MTV kreierte ein neues TV-Format für mich – *MTV Mystified.* Spätestens jetzt hätte ich den Eltern meiner Freundin reinen Wein einschenken müssen, wenn wir noch zusammen gewesen wären … Ich bekam meine eigene TV-Serie auf Pro 7, *Street Magic,* und zog mit einer abendfüllenden Live-Show durchs Land und bis nach Las Vegas. Ich kann es selbst nicht fassen, dass ich das alles in so kurzer Zeit erreicht habe: Hallo, ich bin Farid, Magier von Beruf!

KAPITEL ZWEI:
Was Magie alles kann – und nicht kann

Ich liebe die Zauberer, weil sie ehrliche Menschen sind. Sie sagen, dass sie dich täuschen wollen, und dann tun sie es.« Diesen Ausspruch des amerikanischen Schriftstellers Elbert Hubbard habe ich vor einiger Zeit in Olaf Benzingers »Das Buch der Zauberer« wiederentdeckt und mir sogleich für mein eigenes Buchprojekt notiert. Es ist ein wunderbares Zitat, weil es auf den Punkt bringt, was wir Magier heute immer noch betonen müssen, obwohl es eigentlich selbstverständlich sein sollte: Magie ist kein Zauber, sondern die perfekte Illusion von etwas.
Ein seriöser Magier würde niemals behaupten, »zaubern« zu können, aber er könnte sehr wohl behaupten, Unmögliches Wirklichkeit werden zu lassen. Er täuscht etwas vor, er täuscht bewusst die Wahrnehmung, die Sinne, das Denken seines Publikums. Diese Täuschungsprozesse sind in keinster Weise mit einfachen Tricks oder Kniffen gleichzusetzen, denn es bedarf bei der Schaffung von Illusionen meist weitaus mehr: Oft muss etwas präpariert werden; mal ist eine außergewöhnliche Apparatur oder eine mechanische Einrichtung nötig, manchmal sogar erst zu erfinden; mal kommen mathematische oder mentale Kombinationsprinzipien zur Anwendung, nicht nur bei Kartentricks; fast immer bedarf es einer außerordentlichen Fingerfertigkeit, Menschenkenntnis und hervorragender kommunikativer Fähigkeiten.
Illusionen sind eher Kunststücke denn Tricks. Und deshalb ist es nicht verwunderlich, dass die meisten Magier, wie ich selbst auch, schon im Kindesalter begonnen haben, sich in ihrer Kunst zu üben, ähnlich wie viele Berufsmusiker. Dabei habe ich ver-

schiedene wichtige Stationen auf dem Weg zum Berufsmagier passieren müssen, ich habe viele Entdeckungen gemacht und vieles ausprobiert, bis ich eine ungefähre Ahnung davon hatte, was Magie tatsächlich alles kann. Und mit jeder Entdeckung mehr war ich angestachelt, noch tiefer in diese spannende Materie einzutauchen und die Kunst der Magie tätig zu erforschen.

Mit etwa 15 Jahren, als ich mit meiner Familie in Wien lebte, kaufte ich mir in den Schulferien Jochen Zmecks »Handbuch der Magie« – noch heute ein Klassiker. Ich habe das Buch damals nicht nur gelesen, sondern regelrecht durchgearbeitet und sämtliche beschriebenen Zauberkunststücke umgesetzt. Wenn ich die Requisiten nicht zu Hause hatte oder besorgen konnte, bastelte ich mir einen entsprechenden Ersatz. Statt gekaufter Bälle verwendete ich zusammengeknüllte und mit Tape umwickelte Bälle aus Alufolie oder Tempotaschentüchern. Im Laufe der Zeit baute ich mir alle möglichen Attrappen, zum Beispiel eine Handattrappe aus Knete, und ließ meine Mutter diverse Vorhänge, Tücher und Taschen mit doppeltem Boden nähen – weshalb sie dann leider als Testperson für die Tricks ausfiel.
Die vielen Bilder in dem Zauberhandbuch, vor allem die Fotos von alten Plakaten, auf denen oft mehrere Zaubernummern in Miniatur zu sehen sind, habe ich ebenfalls intensiv studiert. Welche Illusion dort wohl abgebildet ist?, fragte ich mich. Wie sie wohl funktioniert, und welche anderen Nummern der jeweilige Zauberer wohl noch im Programm hat?
Eine der im Zauberhandbuch abgebildeten Fotoillusionen hatte es mir besonders angetan. Das Bild zeigt den berühmten Magier Samuel Bellachini, der seinen Kopf wie ein Tablett auf seiner Hand präsentiert. Der Hund links von ihm und der runde Salontisch rechts, auf dem der Zylinder und sein Zauberstab

liegen, sollen wohl von der Funktion des Vorhangs im Hintergrund ablenken. Ich vermutete damals, dass Bellachini zur Zeit der Aufnahme hinter dem Vorhang gekniet und seinen Kopf durch die Arme einer lebensgroßen Puppe, die seinem eigenen Körperbau ähnelte, hervorgestreckt hatte. Es konnte aber auch sein, dass Bellachini seinen Kopf durch ein Guckloch in einer kompletten Plakatwand, die er extra hatte anfertigen lassen, steckte.

Solches Kombinieren machte mir nicht nur enormen Spaß, sondern brachte mich auch auf erste eigene Ideen. Ich wollte die Illusion von Bellachini, die scheinbar nur als Fotomotiv funktionierte, in ähnlicher Form real umsetzen. Ich probierte einiges aus, und kam schließlich auf die Idee, mir eine kleine Kiste mit Deckel zu bauen, in die man von unten durch eine verdeckte Öffnung seinen Finger so hineinlegen konnte, dass es aussah, als läge ein abgetrennter Finger darin. Damit habe ich dann Reza überrascht. Die Reaktion war super und genau wie erhofft: Er zuckte zunächst heftig zusammen und lachte Tränen, als er den Schock überwunden hatte.

Obwohl ich meistens kaum etwas unternahm, vergingen die freien Nachmittage und Schulferien immer wie im Fluge. Ich war den ganzen Tag beschäftigt. Während der wenigen Treffen mit Schulfreunden, die ich nicht absagen konnte, oder bei Ausflügen mit meiner Familie war ich meistens nicht so richtig bei der Sache. Ich hoffte, dass die Zeit schnell verging, so dass ich wieder nach Hause konnte, um neue Kunststücke ausprobieren zu können.

In den Jahren zwischen 12 und 16 brachte ich mir so viele verschiedene Zauberkunststücke bei, dass ich anfing, sie mir zu notieren, um ein kleines Archiv zur Hand zu haben. Ich schrieb und zeichnete dazu auf große weiße Blätter, wie man sie im

Kunstunterricht zum Malen verwendet. Bald kamen mehrere Stapel dieser Blätter zusammen, so dass ich sie nach Effekten in Gruppen sortierte. Bei unserem Umzug nach Hagen warf ich sie allerdings weg. Bald hatte ich gemerkt, dass ich doch nicht in meinem »Archiv« nachschaute, wenn ich bei einer Sache nicht weiterkam oder mir Anregungen suchte. Ich wollte mir in der alten Heimat ein neues System zulegen und mehr mit Fotos arbeiten. Das systematische Sammeln nach Effekten hatte sich dennoch gelohnt, denn ich hatte mir einiges an Wissen angeeignet.

Wenn Träume wahr werden: etwas erscheinen lassen

Zu diesen Zauberkunststücken zählen alle, bei denen ein oder mehrere Gegenstände oder Personen wie aus dem Nichts vor den Augen der Zuschauer erscheinen. Für diesen Effekt braucht es keine großen Worte, selbst kleinere Kinder können solchen Kunststücken problemlos folgen. Diese Sprache der Magie wird auf der ganzen Welt verstanden.

Die bekanntesten Illusionen sind wohl, eine Münze hinter dem Ohr hervorzuziehen oder ein Kaninchen oder eine ganze Schar flatternder Tauben aus einem leeren Zauberhut erscheinen zu lassen. Während du diese Zeilen liest, kommt dir sicher das Bild eines klassischen Zauberers mit Frack, weißen Handschuhen und Zauberstab in den Sinn. Sehr gut, spinne es weiter ... Der Mann im Frack nimmt wie zur Begrüßung seinen Zylinder, dann zeigt er ihn herum, so dass alle sehen, dass der Hut leer ist. Der Zauberkünstler stellt seinen Zylinder mit der Öffnung nach oben auf einen Tisch und legt ein rotes Tuch darüber. Jetzt tippt er mit dem Zauberstab auf das Tuch; während er den roten Stoff vom Zylinder fortzieht, hörst du einen Knall, etwas weißer Rauch steigt auf, und schwupp!, zieht der Zauberer einen Blumenstrauß für seine Assistentin – natürlich in einem engen Paillettenkleid und stets lächelnd – aus seinem Hut.

Wie langweilig, denkst du, damit kann man heute höchstens Kinder hinterm Ofen hervorlocken. Stimmt, finde ich auch! Auf der Bühne braucht es heutzutage etwas mehr, um die Leute zum Staunen zu bringen. Deshalb haben meine Sendungen und Shows nur noch wenig mit der althergebrachten Illusionskunst zu tun. Ich trage eher lässige Kleidung, verzichte auf eine Assistentin, und einen Zauberstab, der die Blicke des Zuschauers lenkt, gibt es auch nicht.

Für mich ist diese Art der Illusionskunst überholt. Moderne Magie, wie ich sie liebe, will überraschende Geschichten erzählen, spektakuläre Illusionen schaffen und die Menschen begeistern. Dazu braucht es neue Mittel und eine unserer Zeit angemessene Bild- und Bühnensprache. Deshalb habe ich mich für meine Pro-7-Serie *Street Magic* dafür entschieden, meine Tricks mit Passanten auf der Straße durchzuführen. Ich wollte den Alltag zur Bühne machen.

Bei der ersten Folge konnte ich mir den Spaß nicht verkneifen, höchstpersönlich in einer leeren Telefonzelle zu erscheinen. Zuvor hatte darin eine junge Frau telefoniert, während ihr Freund draußen wartete. Als sie das Telefonhäuschen verließ, gab es einen lauten Knall, und ich stand umgeben von Rauch im Telefonhäuschen. Dem Pärchen standen der Schrecken und die Überraschung ins Gesicht geschrieben. Eine versteckte Kamera hielt diese Nummer für das Intro des Serienstarts fest.

Diese Sequenz brachte ziemlich gut auf den Punkt, was meine Art der Magie ist. Ich führe meinen Zuschauern keine Zauberkunststücke vor, sondern lade sie ein, mit mir eine Illusion zu erleben. Denn ich möchte jeden Einzelnen über den bloßen

Effekt hinaus nachhaltig verblüffen, und dazu überlege ich mir magische Momente, bei denen die Emotionen der Zuschauer auch auf persönlicher Ebene angesprochen werden.
Das funktioniert beim Effekt des Erscheinens besonders gut. In meiner Bühnenshow bat ich die Zuschauer zum Beispiel, mir ihre größten Wünsche auf Zettel zu notieren. Und dann ließ ich den Traum eines Zuschauers Wirklichkeit werden, indem er visuell erschien. Da konnte es sein, dass die Bühne sich plötzlich in eine weiße Strandlandschaft verwandelte, weil sich eine Zuschauerin einen Urlaub in der Karibik wünschte, oder es rieselte Hunderte von Rubbellosen auf einen Lottofan nieder. Mit dem richtigen Licht und Xavier Naidoos Song »Bitte hör nicht auf zu träumen« im Hintergrund, eine Nummer, die jeden Einzelnen berührte.
Auch für das Ende meiner Show nutzte ich den Effekt des Erscheinens in einer spektakulären Großillusion. Ich warf dafür meinen zusammengeknoteten Schal ins Publikum und ließ ihn von einer zu einer anderen Person und noch weiter werfen, damit sichergestellt war, dass ich nicht fake. Erst wenn alle davon überzeugt sind, dass der Zufall entschieden hat, wer den Schal zuletzt in seinen Händen hält, bitte ich diese Person aufzustehen und frage sie, ob sie mit dem Auto angereist ist. Wenn dies der Fall ist, frage ich noch, um welches Fahrzeug es sich handelt und wie die Anreise war. Dann schnippe ich mit den Fingern, und in der nächsten Sekunde erscheint hinter mir das Fahrzeug meines Gastes. Ohne einen Vorhang, eine Kiste oder Nebel. Wie aus dem Nichts mitten auf die Bühne! Ich bitte den zumeist völlig geschockten Zuschauer zu mir auf die Bühne, damit er bestätigt, dass es sich wirklich um sein Auto handelt. Und dann dürfen alle Zuschauer zur Autogrammstunde auf die Bühne kommen und prüfen, dass es ein echtes Auto ist und es keinen doppelten Bühnenboden gibt.

Mit solchen Großillusionen möchte ich eindrückliche gemeinsame Erlebnisse schaffen. Das ist für mich die wichtigste Aufgabe der Magie: beste Unterhaltung mit Erinnerungswerten. *I'm bringing the magic back* habe ich mir mal zum Ziel gesetzt. Moderne Magie muss spannend, witzig und überraschend sein. Dabei darf sich das Publikum nicht ausgeschlossen fühlen, denn es ist kein Kinobesucher vor einer Leinwand, sondern wirkt mit und nimmt Einfluss auf den Verlauf der Show, ganz so, wie es auch der Titel der Show verspricht: *Inside Magic – Werde Teil der Show.*

Von kleinen Münzen und großen Damen: etwas verschwinden lassen

Die meisten Taschenspieler nutzen diesen Effekt und lassen Münzen, Fingerringe, Zigaretten usw. verschwinden. Eben noch in der Hand oder auf dem Tisch – im nächsten Moment haben sich die Dinge scheinbar in Luft aufgelöst. Probiere es doch einmal selbst aus und lass eine Münze verschwinden. Auf den Fotos siehst du, wie es geht. Übe es ein paarmal, am besten auch vor einem Spiegel.

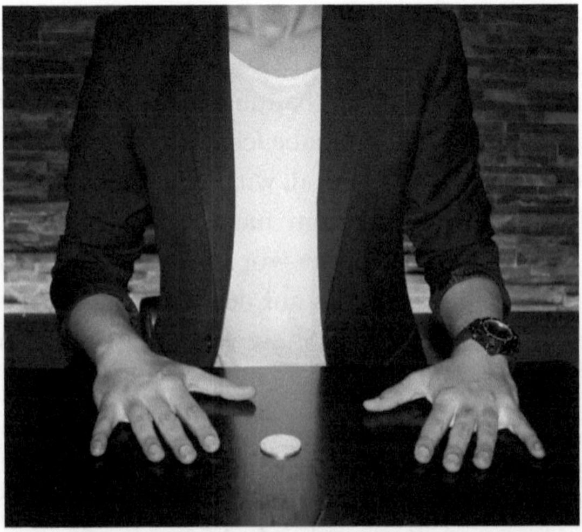

Die Münze liegt auf einem Tisch vor dir.

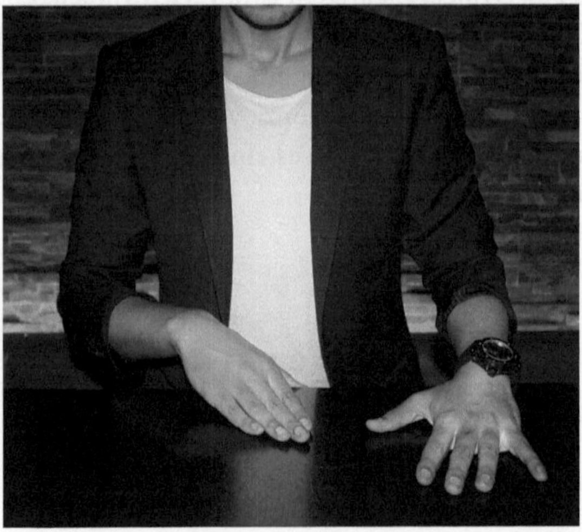

Du nimmst die Münze in deine Hand, indem du sie über den Tisch zu dir hinziehst.

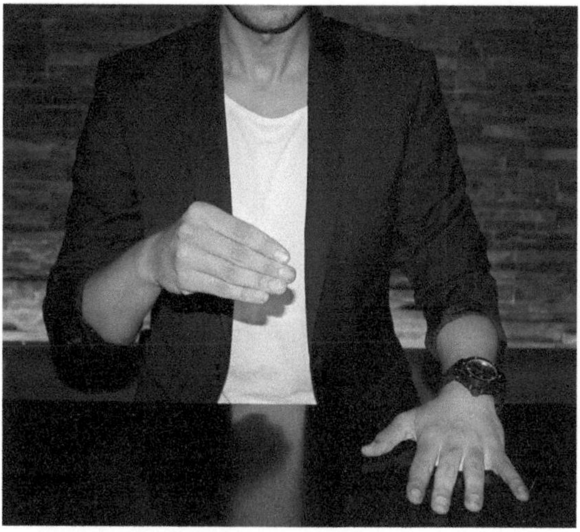

Natürlich tust du so, als ob du die Münze vom Tisch aufgehoben hättest und in deiner Hand halten würdest.

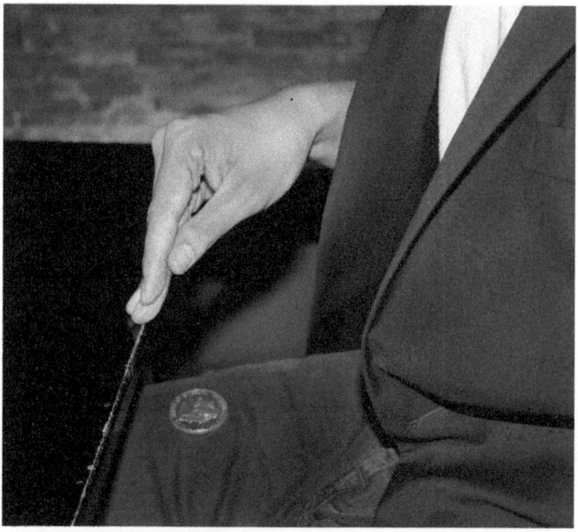

Dabei hast du sie an der Tischkante unbemerkt in deinen Schoß fallen lassen.

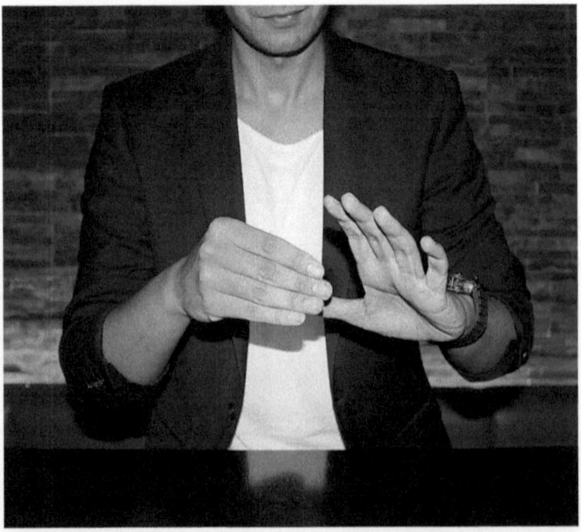

Es sieht immer noch so aus, als ob du die Münze in der Hand hältst. Um die Spannung zu steigern, tust du so, als ob du die Münze in die andere Hand wandern lassen würdest.

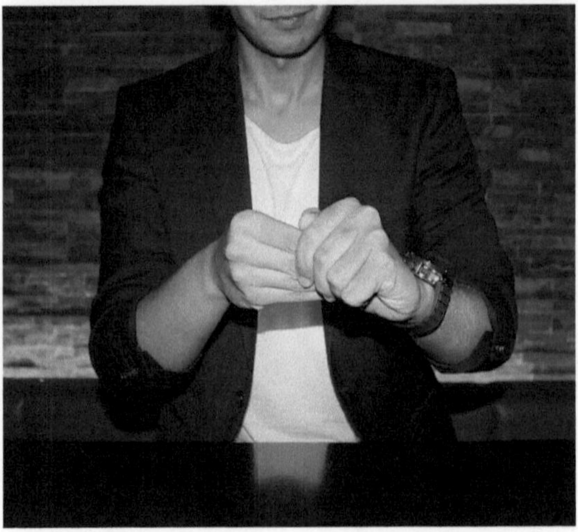

Die Münze wird also scheinbar in die andere Hand gegeben – diese schließt sich zur Faust. Diese Übergabe ist wichtig, sie macht den Effekt am Ende erst glaubwürdig.

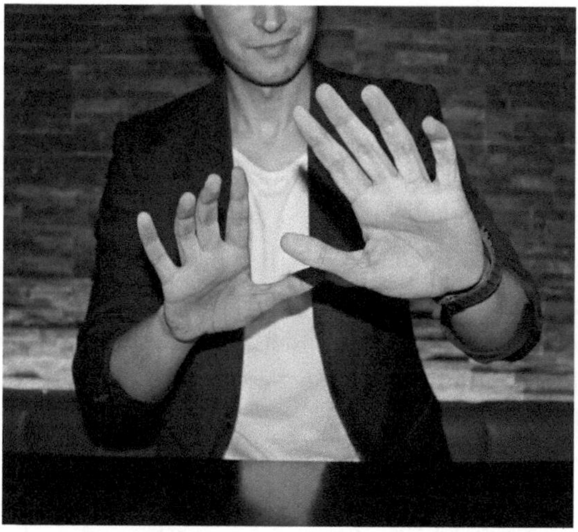

Jetzt öffnest du mit einer magischen Geste die Hand: Die Münze ist verschwunden. Just magic!

Solche gängigen Kleinstillusionen eignen sich als Partyzauberei oder um sein Enkelkind zu verzaubern, für eine große Show braucht es natürlich ungewöhnlichere Ereignisse – und das nicht erst seit heute.

Harry Houdini, der bis heute als einer der größten Entfesselungskünstler gilt – er befreite sich binnen kürzester Zeit von Fesseln und Ketten und aus vernagelten Kisten oder sogar einer Gefängniszelle –, ließ 1918 bei einer Show im New York Hippodrome einen ausgewachsenen Elefanten vor den Augen des Publikums verschwinden. Wie viele andere Zauberkünstler hatten wohl schon jahrzehntelang an solch einer Nummer gearbeitet und standen kurz vor dem Durchbruch? Auf unserem Kontinent wurde Alois Kassner, ein Zauberkünstler der Nachkriegszeit, mit der Elefanten-Nummer nicht weniger berühmt, er und sein indischer Elefant Toto tourten durch ganz Europa.

Eine legendäre und vielkopierte Nummer ist »Das Verschwinden einer Dame vom Stuhle«. Erfunden hat diese beliebte Illusion Buatier de Kolta im 19. Jahrhundert: Er legte ein großes Tuch über eine sitzende Dame, so dass man nur noch ihre Silhouette sehen konnte, berührte anschließend auf Höhe des Kopfes das Tuch, und die Frau war verschwunden.
Die meisten Großillusionisten haben diese Nummer noch heute in ihrem Repertoire, so auch David Copperfield, der sie für seine Shows leicht abwandelte und als Idee für eine viel spektakulärere Aktion nahm: Er ließ die New Yorker Freiheitsstatue verschwinden.
Ich war damals gerade mal zwei Jahre alt, als Copperfields Live-Show, in der sich das Wahrzeichen von Amerika wie von Geisterhand in nichts auflöste, im amerikanischen Fernsehen ausgestrahlt wurde. Aber selbst, als ich diese Nummer Jahre später in einem Video sah, war ich völlig geflasht. Zum Glück ahnte ich nicht sofort, wie beinahe schon simpel Copperfield vorgegangen war! Die Wirkung zahlte sich richtig für Copperfield aus. Obwohl es weder eine Direktübertragung noch das Internet gab, erlangte er mit dieser Illusion schlagartig Weltruhm, denn man erzählte sich überall auf der Welt von dem unglaublichen Ereignis.
Wenn ich privat unterwegs bin, werde ich oft von Leuten angesprochen: »Hallo, du bist doch Farid, oder?«
»Ja, freut mich, dich kennenzulernen.«
»Ich hab damals immer für dich angerufen!«
»Ach, du warst das!«
»Kannst du mir bitte was zeigen, nur ganz kurz?«
Manchmal denke ich, wäre ich doch ein Sänger und kein Magier, die werden an Tankstellen, beim Bäcker und im Restaurant bestimmt nicht um Kostproben ihrer Kunst gebeten. Aber meist nehme ich die Bitte als Einladung für eine spontane Übung.

Und damit es schnell geht, tue ich erst einmal so, als hätte ich keine Zeit, oder sage: »Das sind alles bloß Kameratricks, geht leider nur im Fernsehen.«
Im selben Moment nehme ich der Person schon den Autoschlüssel, das Portemonnaie oder die Sonnenbrille aus der Hand und lasse den Gegenstand vor den Augen des perplexen Fans verschwinden. Ich zeige meine leeren Hände, greife nach der Hand desjenigen und verabschiede mich: »Okay, alles Gute, und fahr vorsichtig!« Natürlich gebe ich den Gegenstand wieder zurück.
Auf der Bühne hatten die Zauberkünstler der alten Schule eine Kiste, Tücher, Nebel oder ähnliche Requisiten, um einen Gegenstand oder eine Person verschwinden zu lassen. Doch das haben wir alle schon hundertmal gesehen. Es überrascht uns nicht mehr. Zum Staunen bringt es uns aber, wenn eine Person, die gerade noch auf der Bühne stand, in der nächsten Sekunde nicht mehr da ist. Einfach so. An solch einer Großillusion arbeite ich gerade. Ich möchte ohne die üblichen Requisiten einen Zuschauer aus dem Publikum – oder sogar mitten im Publikum – verschwinden lassen. Vielleicht bist du demnächst in meiner Show; dann sieh dich vor, dass es dich nicht erwischt und du dich plötzlich in Luft auflöst!

Mein magischer Moment mit Barbara Schöneberger: etwas wandern lassen

Bist du schon einmal auf einen Hütchenspieler hereingefallen? Bestimmt hast du genau aufgepasst und warst dir sicher, dass die Kugel unter der mittleren Nussschale war. Du warst ganz sicher! Aber ... Pech gehabt, auch beim dritten, vierten, fünften Mal. Es ist wie verhext, die Kugel scheint von der einen in die andere Nussschale wandern zu können. Ein Hütchenspieler nutzt die Effekte der Magie, aber es geht ihm gar nicht um diese. Hütchenspieler wollen nichts anderes als abzocken. Und immer wieder finden sich genug Leute, die sich auf diese betrügerischen Spiele einlassen, nur weil sie der Verlockung eines hohen Gewinns nicht widerstehen können.

Ein ähnliches Zauberkunststück – und zudem ein altbekanntes – ist das Becherspiel. Hierbei steht der klassische Effekt des Wanderns im Zentrum der Vorführung: Es wandern scheinbar ein bis drei sichtbare Kugeln unter drei Bechern hin und her. Mir persönlich gefällt diese klassische Illusion sogar, nur leider passen die Requisiten nicht zu mir. Sie erinnern mich zu sehr an die traditionellen Gaukler und ihre Art der Darbietung. Natürlich verdienen diese mittelalterlichen Zauberkünstler noch heute Respekt, denn damals war es nicht ungefährlich, solche magischen Effekte auf dem Jahrmarkt zu präsentieren. Kam ein Gaukler erst einmal in den Verdacht, sich höherer »dunkler« Kräfte zu bedienen, also mit dem Teufel im Bunde zu stehen, so drohte ihm der Scheiterhaufen. Die Kirche bekämpfte damals jeglichen Aberglauben mit härtesten Strafen, nicht selten mit dem Feuertod, weshalb man als Gaukler stets zu befürchten hatte, Opfer der Inquisition zu werden. Die Magier damals mussten also ihrem Publikum versichern, dass alle »Wunder«, die sie vollbrachten, auf natürliche Weise zustande kamen.

Eine beliebte Zaubernummer, die ebenfalls den Effekt des Wanderns nutzt, ist »Die wandernde Flasche«, ein Kunststück, das schon Anfang des 19. Jahrhunderts bekannt war. Heutzutage kann man diese Nummer als Zauberartikel kaufen. Man erhält eine Flasche, ein Glas und zwei ineinanderpassende leere Röhren. Bei Vorführung der Nummer zeigt man Letztere zuerst dem Publikum, damit es sich davon überzeugen kann, dass die Röhren wirklich leer sind. Danach werden die Flasche und das Glas mit je einer Röhre bedeckt. Und dann ein Abrakadabra-Simsalabim-dreimal-schwarzer-Kater, und Flasche und Glas haben die Plätze gewechselt. Das Glas befindet sich unter der Röhre, unter der gerade noch die Flasche stand, und umgekehrt. Gähn … Damit du bei der Nummer nicht einschläfst, verrate ich dir jetzt nicht auch noch, wie der Effekt produziert wird. Da musst du schon selbst dahinterkommen!

Mich persönlich interessieren solche Partyzaubertricks nur, wenn sie Anreize für neue Illusionen bieten. Das Becherspiel etwa würde ich allerhöchstens spontan mit signierten Coffee-to-go-Bechern realisieren, damit die Nummer nicht präpariert wirkt und Alltagsnähe erhält.

Da ich mich in erster Linie als Unterhaltungskünstler verstehe, hat Langeweile keinen Platz in meinem Schaffen. Wenn mich eine Illusion schon selbst nicht begeistert, wie soll ich sie dann glaubwürdig meinem Publikum darbieten? Deshalb überlege ich mir, wie ich einen Effekt – in diesem Fall das Wandern – neu vorführen kann, so dass es vor Spannung knistert und alle überrascht. Bei meinem ersten Besuch in der *NDR Talk Show* konnte ich eine solche Illusion zeigen, und sie gehörte von diesem TV-Abend an zu meinen Lieblingsnummern.

Ich leitete die Illusion mit dem Versprechen ein, dass ich das Vorurteil, Kartentricks sind unsexy, abschaffen könne. Und los ging's: Barbara Schöneberger suchte zwei Spielkarten aus, eine für sich, die sie auf der Bildseite unterschrieb und an einem besonderen Ort aufbewahren sollte: zwischen ihren Zähnen! Dann wählte sie eine für mich aus, und ich unterschrieb ebenfalls darauf, faltete auch diese Karte, um sie mir anschließend zwischen die Zähne zu klemmen. Dann bat ich Barbara Schöneberger aufzustehen, und wir standen uns an den Händen haltend gegenüber. Wie in Zeitlupe näherte ich mich ihr und zog

sie gleichzeitig sanft zu mir herüber. Wir kamen uns *und* den Karten näher und näher.
Was hat er vor?, fragten sich die Zuschauer im Studio. Es sah aus, als ob wir uns zärtlich küssen wollten – wenn da nicht diese zwei Spielkarten zwischen unseren Zähnen gewesen wären. Und ja, jetzt knisterte es spürbar vor Spannung. Als die Karten sich beinahe berührten, zog ich mich langsam zurück, griff nach der Karte zwischen meinen Zähnen und faltete sie auseinander. Es war die von Barbara Schöneberger signierte Karte! Nun öffnete die Moderatorin ihre Karte ebenfalls – klar, es war meine. Ich selbst nenne dieses Kunststück seitdem »Die Schöneberger-Illusion«, es war ein wirklich magischer Moment.
Aber es gibt auch aufwendigere Illusionen, die auf dem Effekt des Wanderns basieren. Mit meinem *Street Magic*-Team drehte ich einmal eine Nummer, die ich *»Watch« the balloon* nannte. Irgendwo in Berlin sprach ich auf der Straße einen jungen Mann an und fragte ihn, ob er eine Uhr trage. Ich muss dazusagen, dass ich drei rote Luftballons an Schnüren dabeihatte, was vermutlich einen etwas schrägen Eindruck machte.
Zum Warmwerden begann ich mit einem mentalen Trick, den ich jetzt nicht weiter ausführe – wer möchte, kann sich den ganzen Dreh auf meiner DVD anschauen. Für mich war es nur wichtig, den jungen Mann einzustimmen und zu lockern. Was mir auch gelang, denn noch verblüfft vom Mentalkunststück, war er bereit, mir seine Uhr anzuvertrauen, die ich nun an die Schnüre der mit Helium gefüllten Luftballons band. Ich gab ihm die Uhr mit den Ballons zurück.
Wie sich im Gespräch herausstellte, war das gute Stück ein Geschenk seines Vaters und hatte mehr als nur einen materiellen Wert für den Studenten. Wahrscheinlich kostete es deshalb auch echte Überzeugungskunst, ihn dazu zu bringen, die Ballons mit der angebundenen Uhr los- und aufsteigen zu lassen. Er behielt

die Enden der Schnüre zunächst fest in seinen Händen. Ich versicherte ihm, dass er mir vertrauen könne, schaute ihm fest in die Augen und gab ihm nun deutlich die Anweisung, die Schnüre loszulassen. Jetzt hörte er auf mich, und die roten Ballons schwebten mit der Uhr höher und höher und über die Dächer Berlins hinweg.
Was der junge Mann noch nicht ahnte: Kurz darauf lag die Uhr als Flaschenpost im Schaufenster eines Uhrengeschäftes wenige Meter entfernt von uns. Puh, die Erleichterung des jungen Mannes, als er seine Uhr wieder in Händen hielt, ist kaum zu beschreiben. Und noch mal puh, um diese Illusion zu verwirklichen, bedurfte es einer immensen Vorbereitung. Ich freute mich, dass am Ende alles ganz leicht aussah, wie schwebende Ballons eben.

Ob Hütchenspieler, Gaukler, Taschentrickspieler oder Magier, alle sind sie Meister der Ablenkung – wenn sie ihr Metier gut beherrschen. Darum geht es nicht nur beim Effekt des Wanderns, sondern bei der Illusionskunst generell: um die perfekte Ablenkung. Sie ist dafür verantwortlich, dass mich mein Publikum nicht durchschaut. Ihr widme ich ein eigenes Kapitel, wenn es um den imaginären Zauberkasten geht, in dem ich das Werkzeug des modernen Magiers genauer vorstelle.

Ich zaubere nicht nur *in der* Fernsehwelt, sondern auch *in die* Fernsehwelt: der Effekt des Durchdringens

Ich muss etwa elf Jahre alt gewesen sein, als ich zum ersten Mal eine Copperfield-Show im Fernsehen sah. In dieser Show gab es eine Nummer, die mich sehr begeistert hat und die den Effekt des Durchdringens meisterhaft zur Geltung brachte. Zum

Glück habe ich mir eine Videoaufnahme gemacht, denn ich wollte natürlich dahinterkommen, wie der Trick funktionierte. Dazu habe ich mir das Video immer und immer wieder angesehen.

Copperfield lässt sich bei dieser Illusion von einem Zuschauer einen Hundertdollarschein geben. Der amerikanische Megastar agiert locker und witzig, ohne viel Glamour, Showeffekte, Showgirls oder aufwendige Requisiten. Ein Geldschein und ein Bleistift, das ist alles, was er für diese Nummer benötigt. Wahrscheinlich mag ich sie deshalb auch heute noch.

Die Kamera fährt nah an den Magier heran, der mit der Spitze des Bleistifts voran von unten die Mitte des längs gefalteten Geldscheins durchdringt: Der Bleistift steckt in dem Geldschein, den Copperfield noch einmal faltet und dreht. Dann zieht er den Bleistift mit einem Ruck nach unten wieder heraus. Der Dollarschein kann nur zerrissen sein. Denkt man. Nein, denkt man nicht, denn das ist ja eine Show der Illusionen! Copperfield zeigt den glatten, unversehrten Hundertdollarschein.

Dann gibt er vor, noch einmal zu zeigen, wie der Trick funktioniert. Jetzt zieht er den Bleistift ganz langsam durch den gefalteten Schein, so dass es aussieht, als würde der Stift das Papier durchschmelzen. Jetzt müssen es aber zwei Teile sein. Aber nein, der Schein ist auch diesmal nicht zerteilt. *Really magic!* An der Stelle der Videoaufnahme, wo der Stift den Schein scheinbar durchdringt, ist mein Videotape beim aberhundertsten Gucken kaputtgegangen.

Eine andere Copperfield-Illusion, die mich später zu einer eigenen Nummer inspiriert hat, spielt im Orientexpress. Copperfield ist ein Meister darin, seine Illusionen in stimmungsvolle Geschichten à la Hollywood einzubetten. Während der Zug in Fahrt ist, setzt Copperfield sich mit seiner schönen Begleiterin an einen Tisch im Speisewagen und unterhält sie mit ein paar

Kartentricks. Dann kommt die eigentliche Illusion: Die Dame wählt eine Spielkarte aus, die danach wieder unter die anderen Karten gemischt wird, das Tischlämpchen am Fenster wird zur Seite geschoben, und Copperfield lässt die Karten gegen das Zugfenster sprudeln. Bis auf eine Spielkarte liegen die Karten am Ende auf dem Tisch. Diese eine zuvor ausgewählte Karte aber haftet an der Fensterscheibe. Copperfield weist seine Begleiterin höflich an, die Karte zu nehmen, doch ihre Finger streichen nur über das Glas. Sie kann die Karte nicht greifen, weil sie von außen an der Scheibe haftet. Die Spielkarte hat das Zugfenster durchdrungen.

Für Copperfield und die damalige Zeit eine hervorragende Illusion, die ich vor wenigen Jahren unbedingt weiterentwickeln und für unsere Zeit gemäß präsentieren wollte. Aber wie konnte das aussehen? Ich habe über Jahre hinweg immer wieder an der Ideenentwicklung, Planung und Umsetzung gearbeitet, dann war es endlich so weit.

In einem großen Fachmarkt für elektronische Geräte und neue Medien in Berlin haben wir eine *Street Magic*-Folge gedreht. Ich hatte einen Stoß weißer Kärtchen dabei und einen Stift und sprach zwei Pärchen an, die sich gerade Fernsehgeräte anschauten. Und dann ging es auch schon los: Ich bat eine der jungen Frauen, eine sehr einfache Zeichnung auf eins der Kärtchen zu malen. Nachdem sie das Bild gezeigt hatte, reichte ich ihr den Stapel, in den sie das Kärtchen zurückstecken sollte.

Dann gingen wir zu einem der Fernsehgeräte, die testweise liefen. Mit einem geübten Handgriff sprudelte ich sämtliche Karten gegen den flimmernden Bildschirm, auf dem gerade das Lifestyle-Magazin *taff* lief. Die Karten fielen zu Boden – bis auf eine. Auch in meiner Illusion sah es so aus, als ob sie auf dem Bildschirm haften geblieben war. Vielleicht nur elektrisch aufgeladen? Ich fuhr mit der Hand darüber. Im selben Mo-

ment bemerkte der *taff*-Moderator im Fernsehen die Karte und pflückte sie von der Kamera im Studio.
Erst jetzt wurde den jungen Leuten klar: Die Karte war wirklich *im* Fernseher, und zwar nicht nur in dem Gerät, sondern im *taff*-Studio! Und an der Zeichnung war zu erkennen, dass es kein anderes als unser Kärtchen war, das sich jetzt im Fernsehstudio in München befand. Wenn das nicht Durchdringen der Extraklasse ist! Eine meiner absoluten Lieblingsillusionen.

Sicher fragst du dich, wie so ein Durchdringen funktionieren kann. Es gibt natürlich viele verschiedene Kunstgriffe oder Tricks, einen möchte ich dir verraten. Stell dir vor, du bist bei einer meiner Lesungen zu diesem Buch. Ich sitze vor den Zuhörern an einem Tisch, auf dem mein Buch liegt, außerdem steht eine Flasche Wasser bereit. Nach der Begrüßung werde ich erst ein bisschen »zaubern«, denn ich zaubere wahrscheinlich besser, als ich vorlese, und so bist du mir hoffentlich wohlgesinnt für den Rest des Abends. Ich kündige an, eine Münze, die ebenfalls auf dem Tisch bereitliegt, vor deinen Augen verschwinden zu lassen.
Ich umhülle die Flasche mit einer Stoffserviette, halte sie mit der Serviette oben am Hals fest und stelle sie auf die Münze. Dann zähle ich bis drei. Jetzt soll die Münze verschwunden sein. Zum Beweis bewege ich die Münze zur Tischkante vor mir, und man sieht: Die Münze ist noch da! Hat nicht geklappt, also noch mal! Flasche wieder über die Münze, und eins, zwei, drei: »Die Münze ist verschwunden!« Ich sage es, aber ich zeige es nicht. Diesmal lasse ich die Flasche über der Münze, die – o Wunder! – noch immer da ist, was aber keiner sehen soll, und zähle erneut bis drei: »Tatataaa! Die Münze ist wieder da!«
Ich erkläre dem Publikum noch: »Ich habe die Münze verschwinden und wieder erscheinen lassen!« Die Flasche ist vor

mir an der Tischkante. In diesem Moment haben alle Zuschauer den Blick auf die Münze gerichtet, dann beginnen sie zu lachen oder den Kopf zu schütteln, du auch, und diesen Moment nutze ich für die eigentliche Illusion.

Denn jetzt erwartet niemand einen Effekt, aber gerade jetzt setze ich ihn um: Ich werde die Flasche scheinbar den Tisch durchdringen lassen, dazu muss ich sie aber zuerst heimlich unter den Tisch befördern. Deshalb auch die Tischdecke. Meine rechte Hand wartet unterhalb der Kante; die linke Hand, die sich dabei nicht bewegt, lässt die Flasche unbemerkt in die rechte rutschen, hält dabei die Stoffserviette aber so fest, als wäre die Flasche immer noch darin.

Niemand hat gesehen, dass die Flasche nicht mehr in der Serviette ist. Ich sage so etwas wie: »Okay, noch ein letztes Mal! Schauen Sie genau hin!« Bei diesen Worten stellt meine linke Hand »die Flasche«, die eigentlich gar nicht mehr da ist, auf die Münze und zählt wieder bis drei. Während die rechte Hand sich mit der Flasche unter den Tisch auf Höhe der Münze bewegt, drückt die linke die Serviette hinunter, und es sieht so aus, als ob die Flasche durch den Tisch gedrückt würde. Sobald die Flasche den Tisch scheinbar komplett durchdrungen hat, lasse ich sie von unten kurz gegen den Tisch knallen, um die Illusion akustisch noch zu unterstützen. Diesmal gibt es Applaus!

Der Effekt des Durchdringens lässt sich auch gut in Illusionen umsetzen, die ich im Alltag zeigen kann, zum Beispiel an einem Imbisswagen. Ich kaufe mir ein Getränk in einer dieser kleinen Kunststoffflaschen, öffne sie, trinke sie leer und schüttle die Flasche und den Verschluss, die ich beide getrennt voneinander in einer Hand halte. Daraufhin gebe ich sie dem Imbissverkäufer zurück. Allerdings ist der Verschluss jetzt in der Flasche. Jetzt schüttelt auch er die Flasche, aber es hilft nichts, die Verschlusskappe passt ja nicht durch den Flaschenhals. Er angelt mit dem

Finger danach, ebenfalls Fehlanzeige. Beim Drehen der entsprechenden *Street Magic*-Folge guckte mich ein Budenbesitzer mit großen fragenden Augen sprachlos an. In genau diesen Momenten liebe ich meinen Beruf über alles. Dann werden selbst harte Kerle auf einmal wieder zu Kindern.

Leider wird Illusionskunst nicht nur zur Unterhaltung und zur Freude der Menschen eingesetzt. Während ich über den Effekt des Durchdringens nachdachte, fiel mir plötzlich wieder der Film von einem Wunderheiler ein, den ich mal im Netz entdeckt habe. Ein Wunderheiler, der einem angeblich Todgeweihten mit bloßen Händen das böse Geschwür aus dem Körper operierte.

Ich erinnere mich nicht mehr genau an jede Einstellung, aber ich kann mir gut ausmalen, wie solch eine Illusion inszeniert wird, damit die Finger auf wundersame Weise in den Körper des Patienten eindringen können, ohne dass dieser dabei Schmerzen verspürt. Und nach der Operation schließt sich die Wunde, ohne dass eine Narbe zurückbleibt.

Wie das funktioniert? Ich entwerfe mal ein mögliches Szenario. Nehmen wir an, der Patient ist nicht gefakt. Der vermeintliche Wunderheiler wird den von der Kleidung freigelegten Bauch des Patienten zunächst mit etwas Watte abtupfen und dann so tun, als dringe er in den Bauchraum ein. Dabei lässt er unbemerkt eine rote Flüssigkeit in die Bauchmulde laufen, die durch das Liegen des Patienten entsteht. Sie stammt aus einer Farbkapsel, die der Heiler in seiner Hand palmiert – wie wir Magier es nennen, wenn wir etwas in einer Hand oder im Ärmel oder wo auch immer für andere nicht sichtbar verstecken. Für die Zuschauer und den Patienten quillt die rote Flüssigkeit scheinbar aus einer Wunde des Bauchraums. Scheinbar ohne Messer, ohne Skalpell und ohne Schmerzen wurde der Körper des Patienten geöffnet.

Jetzt greift der Wunderheiler mit seinen Fingern in die vorgetäuschte Öffnung, tatsächlich knickt er die Finger so ein, dass es nur so aussieht, als würde er sie im Körper versenken. Die Illusion ist perfekt, wenn er ein Stück Tiergewebe, das er in seiner Hand verborgen hielt, jetzt aus der scheinbar offenen Stelle am Bauch zieht, bevor sich diese im Anschluss wie von Zauberhand wieder schließt. Schnell noch das Blut mit Watte aufgesaugt und die Haut abgetupft, und alles scheint wieder gut!

Wird diese Illusion des Durchdringens von einem begabten Illusionisten, denn nichts anderes sind Wunderheiler, durchgeführt, wird vermutlich selbst der Patient den rücksichtslosen und in diesem Fall vielleicht sogar lebensgefährlichen Betrug nicht einmal bemerken. Wenn Wunderheiler Menschen gesunden lassen, dann allein durch den Glauben dieser Menschen an die Kraft des Heilers.

Mit Magie als Unterhaltungskunst kann man vielleicht nicht Leben retten, wie es Ärzte tun, aber Magie kann unser Leben leichter und bunter erscheinen lassen. Sie kann Lebensfreude und Hoffnung schenken, auch schwerkranken Menschen. Für mich sind es immer wieder große magische Momente, wenn ich auf der Kinderstation in einem Krankenhaus oder in einem Kinderheim zaubere. Solche Auftritte mache ich aber lieber ohne Presse und andere Zuschauer, denn die Kinder sollen möglichst intensiv erleben, was Magie alles kann. Kinder, die ohne Eltern aufwachsen, Kinder, die selbst schon Leidvolles erfahren haben, Kinder, die im Krankenhaus liegen, statt draußen an der frischen Luft zu spielen, all diese Kinder brauchen besonders viel positive Stimmung. Und in ihnen den Glauben an ein Wunder zu wecken, ist das Größte, was ich erreichen kann.

Zerreißen – zusammenfügen: die Restauration als Effekt

Eine beliebte Nummer vieler Zauberkünstler ist »Die zerrissene Zeitung«. Hast du Lust, diese Illusion selbst einmal zu probieren? Ich verrate dir, wie es geht. Wenn du sonst keine Erfahrung mit der Zauberei hast, dann lass dir im Vorfeld noch ein paar Tipps geben: Überlege dir, wie du dich vor deinem Publikum präsentieren möchtest. Was passt zu dir? Ein cooler Style oder eher ein klassisches schwarzes Outfit? Worin fühlst du dich gut? Und was sagst du zu deinen Zuschauern? Wie kannst du sie während der Vorführung unterhalten? Denk dir einen passenden Text aus. Vielleicht sogar eine kleine Geschichte, die zur Nummer passt? Am besten übst du schließlich vor einem Spiegel, so werden die Handgriffe vertraut, und du siehst, wie du wirkst. Zuerst musst du aber eine Zeitung präparieren und die Illusion vorbereiten:

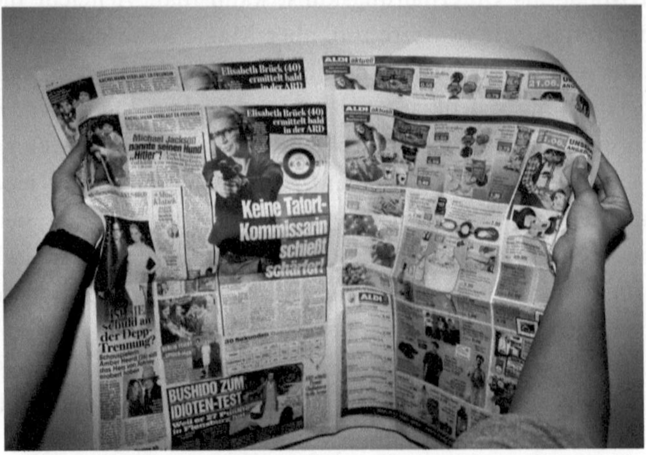

Das brauchst du für die Illusion »Die zerrissene Zeitung«: zwei identische Tageszeitungen, davon zwei Doppelseiten, am besten mit Titelseite, für die Illusion entnehmen; Klebstoff.

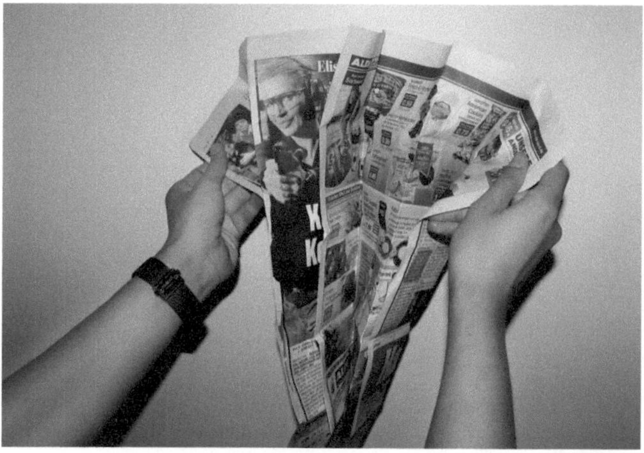

Nimm eine der beiden Zeitungsseiten und falte sie längs wie eine Ziehharmonika.

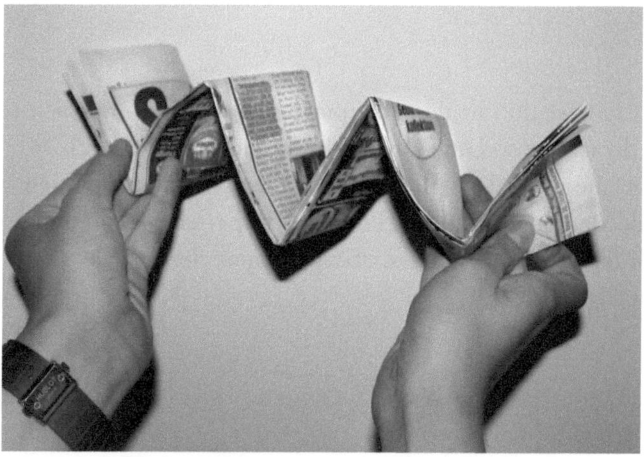

Das Gleiche machst du in der Breite, so dass ein kleines, quadratisches Päckchen entsteht.

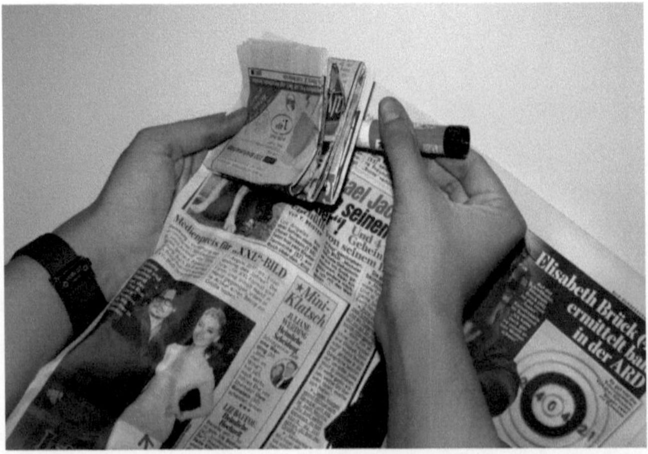

Hol dir nun die Doppelseite, die du zerreißen wirst, und klebe das quadratische Päckchen auf der Innenseite in die linke obere Ecke. Achte dabei darauf, dass genau die gleichen Ecken übereinanderkleben – nicht dass die Zeitung auf dem Kopf steht, wenn du sie auseinanderfaltest!

Nun kannst du mit der Vorführung beginnen – natürlich solltest du vorher so lange üben, bis du dich sicher fühlst!
Zeige die einmal gefaltete Zeitung von vorn und hinten vor. Verdecke mit der linken Hand die präparierte Stelle und zeige auch die Innenseiten der Zeitungsdoppelseite.

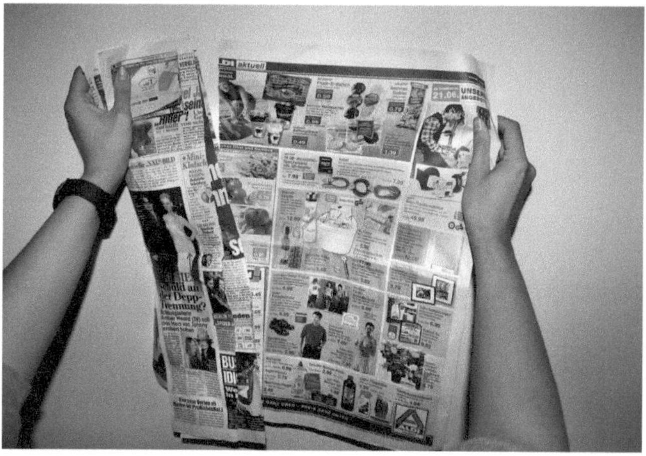

Reiße von der Zeitungsdoppelseite mit der rechten Hand von links nach rechts Streifen ab. Lege jeden einzelnen Streifen vorn auf die Zeitung, so dass die linke Hand sie hält.

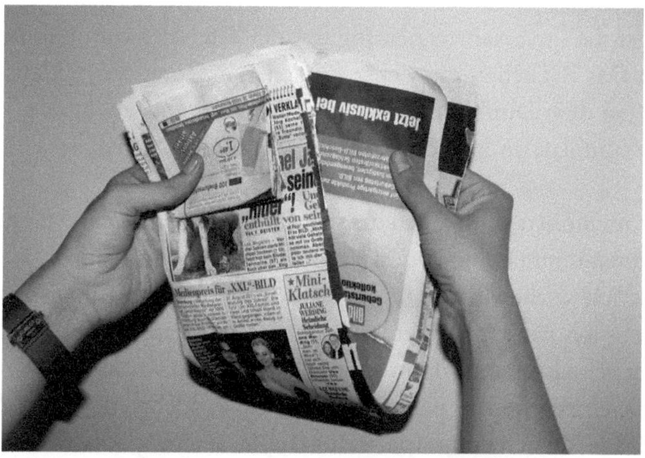

Falte die entstandenen Streifen mehrmals und schlage das Ende so ein, dass sie nicht auseinanderfallen.

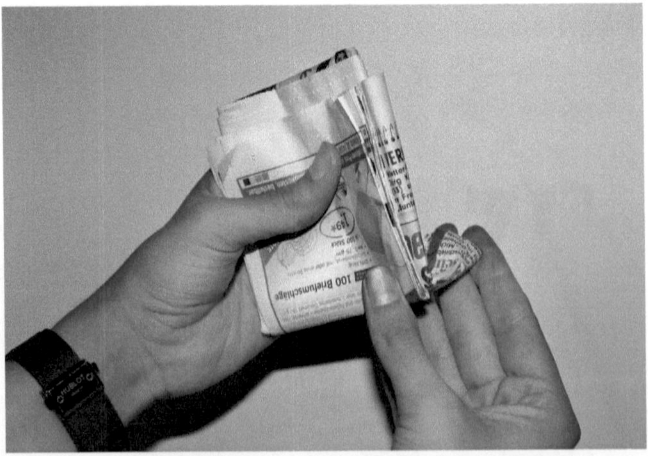

So entsteht direkt über dem präparierten Päckchen ein zweites Päckchen mit der zerrissenen Zeitung.

Jetzt entfaltest du das vor dem Trick präparierte Päckchen und zeigst die unversehrte Zeitung mit der Titelseite zum Publikum vor. Das Päckchen mit den zerrissenen Zeitungsteilen klebt innen an dem Duplikat, das sehen die Zuschauer nicht. Sie werden staunen, du hast die Zeitung wieder ganz gemacht!

Für meine Art, Illusionen zu schaffen, wäre solch eine Restaurationsnummer mit Tageszeitung nur denkbar, wenn klar ist, dass ich vorher nichts manipulieren kann. Also zum Beispiel, indem ich lässig an einen Kiosk schlendere, mir dort eine Zeitung schnappe und dann loslege. Ich würde so tun, als ob ich nach einem bestimmten Artikel schaue, klebe in dieser Zeit aber tatsächlich ein präpariertes Duplikat ein. Spätestens, wenn der Kioskbesitzer sich lauthals über die zerrissene Zeitung beschwert, würde ich mit der Restauration beginnen und die »unversehrte« Zeitung vorzeigen.

Als Bühnenummer müsste die Zeitung für mich persönlich zumindest signiert werden, damit man nicht denkt, ich tausche das zerrissene Blatt einfach gegen eine neue Zeitung aus. Aber dieses Kunststück ist mir generell zu abgegriffen und auch etwas zu simpel, um mein verwöhntes Publikum wirklich begeistern zu können.
Ich selbst lasse lieber eine Spielkarte von einem Zuschauer auswählen und signieren und zerreiße diese dann in vier gleich große Teile. Anschließend setze ich sie Stück für Stück wieder zusammen. Dies ist, bei der oben beschriebenen Methode, von der Fingerfertigkeit her eins der anspruchsvollsten Kunststücke. Man kann es damit vergleichen, ein Uhrwerk zusammenzusetzen, und es gibt nur wenige Künstler, die das überzeugend fertigbringen. Und weil diese Nummer auch für mich sehr anspruchsvoll und kompliziert ist, habe ich sie nur dann gezeigt, wenn meine Tagesverfassung entsprechend auf dem Punkt war.
Mein Jugendfreund Pierre, der meine Arbeit schon seit Jahren auch als Kameramann begleitet, liebt nun aber diesen Trick, und das, obwohl er ungefähr weiß, wie er funktionieren könnte. Vor dem Start einer neuen Show sagte er einmal: »Wenn du die Nummer nicht regelmäßig spielst, komme ich nicht mit auf Tour.« Was Freundschaft nicht alles durchsetzen kann!

Wenn ich überlege, welche große Restaurationsillusion mich noch reizen würde, dann fällt mir auf Anhieb der Schiefe Turm von Pisa ein: Den wieder gerade zu rücken, das wär's!

Heute schon geschwebt? Wie magische Effekte die Naturgesetze außer Kraft setzen

Kugeln, Zauberstäbe, Menschen – es gibt nichts, was ein Magier nicht schweben lassen kann, der Schwerkraft scheinbar zum Trotz. Shownummern, die den Effekt des Schwebens nutzen, wurden von vielen großen Magiern entwickelt und immer wieder neu inszeniert oder auf eine nächste Stufe gebracht. Mich selbst haben früher die Wundergeschichten über indische Fakire und Magier fasziniert, die im Lotussitz vor und über ihren Zuschauern schwebten.

Berühmt ist auch der indische Seiltrick: Hierbei wirft der Magier ein langes Seil in die Luft, das sich dann wie von allein weiter in die Höhe schlängelt, bis es kerzengerade in der Luft verharrt. Meist klettert ein Junge, ein Assistent des Fakirs, daran hinauf, und sobald dieser an der Spitze des Seils angekommen ist, verschwindet er plötzlich – und das Seil fällt zu Boden: Die Schwerkraft hat sich ihr Feld zurückerobert.

Für solch eine Illusion braucht man einen starken unsichtbaren Draht, an dem das Seil unbemerkt emporgezogen werden kann. Der Assistent könnte zum Beispiel hinter einem schwarzen Vorhang vor einer schwarzen Wand verschwinden. Findet das Ganze auf einem Marktplatz statt, kann der Fakir das helle Licht der Sonne zur Ablenkung nutzen. Er müsste das Publikum so plazieren, dass es beim Hochschauen geblendet wird und die Zuschauer die Hand über die Augen halten müssen. Der Junge nutzt die Sekunden, in der alle durch die Blendung abgelenkt sind, um in einem Baum oder etwas Ähnlichem zu verschwinden.

Mindestens genauso unglaublich wie diese Wundergeschichten sind meiner Meinung nach auch so manche Erklärungsversuche: Das gesamte Publikum sei hypnotisiert worden, der Fakir habe dem hypnotisierten Publikum in Wahrheit nur erzählt, was gerade passiert. Tatsächlich habe es nie ein Seil in der Luft gegeben. Ja klar, eine Massenhypnose, das scheint nicht sehr schwierig zu sein! Muss ich auch mal machen. Ich warte auch immer noch auf jemanden, der so betrunken ist, dass ich ihm die Effekte nur zu erzählen brauche.

Ein Magier, der sich besonders darin hervorgetan hat, Naturgesetze außer Kraft zu setzen, war Okito, mit bürgerlichem Namen Theo Bamberg. Schon früh habe ich über ihn gelesen, wobei mich besonders beeindruckt hat, wie er sein nicht immer einfaches Leben gemeistert hat. In Holland in eine Zauberkünstlerdynastie hineingeboren, war er schon früh mit seinem Vater auf der Bühne. Der Junge hatte nur einen einzigen Berufswunsch: selbst als Illusionskünstler das Publikum zu verzaubern. Doch als 18-Jähriger schien der Traum nach einem Schwimmunfall ausgeträumt: Theo Bambergs Gehör nahm Schaden, und er war fortan beinahe völlig taub.

In dieser Situation verzweifelte er aber nicht, sondern überlegte, wie er seine Illusionen ohne Worte auf der Bühne präsentieren kann. Er erfand sich kurzerhand neu, und die Kunstfigur Okito war geboren: ein stummer Asiate. Der Holländer mit dem japanisch klingenden Namen und in chinesischem Kostüm beherrschte sein Handwerk nach Beschreibungen von Zeitgenossen perfekt und hat »Die schwebende Kugel« zur Sensationsnummer gemacht.

Selbst wenn ein unsichtbarer Faden im Spiel ist, bleibt diese Illusion ein höchst anspruchsvolles Kunststück: eine Kugel wirklich schweben zu lassen, also nicht so, dass die schaukelt, oder es aussieht, als sei sie von etwas anderem in Bewegung gebracht worden, als würde sie etwa gezogen oder geschoben werden; nein, es muss federleicht und schwerelos aussehen, und darin war Okito Meister.

Okitos Klassiker wurde oft kopiert, meist schwebt die Kugel vor, hinter oder über einem Tuch durch die Luft. Auch ich habe diese Nummer als Jugendlicher eingeübt, aber ich habe mich dafür nie so richtig begeistern können. Mir fehlte bei der Vorführung der direkte Kontakt zum Publikum.

Ich mag solchen Frontalzauber für meine Illusionskunst nicht, also meide ich Shownummern, bei denen man sich als Zuschauer zurücklehnt und den Magier vorn auf der Bühne machen lässt. Mit den Zuschauern gemeinsam Magie gestalten und erleben, das ist etwas völlig anderes. Erst dadurch wird Illusionskunst für mich lebendig und spannend.
Zum Beispiel sprach ich einmal in einer Bahnhofshalle irgendwelche Leute an und bat sie, mir einen Geldschein oder ihr Zugticket zu geben. Diese Gegenstände ließ ich dann vor den Augen der Passanten schweben. Die Reaktionen waren enorm, weil man als Zuschauer nur bei vorher präparierten Gegenständen eine Manipulation vermutet. Einige Zuschauer zitterten, andere glaubten an ein Wunder. Das ist das größte Kompliment für mich!
Solche interaktiven Close-up-Nummern, also Kunststücke nah am Zuschauer und mit dem Zuschauer, das ist meine Welt. Dann schwebe ich vor Freude auch schon mal selbst ganz gern. Etwa auf einem Dach, das als Parkdeck genutzt wird. Dort lieh ich mir den Schirm einer jungen Frau aus, die gerade in ihr Auto steigen wollte, der mich scheinbar schwerelos in der Luft schweben ließ.
Hier möchte ich einmal darauf hinweisen, dass es Ehrensache ist, dass die Leute, denen ich meine Illusionskunst »vorführe«, niemals eingeweihte Personen sind. Das wird einem Magier wie mir immer als Erstes vorgeworfen. Auch die anderen Leute, die ich bei dieser Illusion hinzuzog, waren alle zufällig auf dem

Parkdach und wussten nicht, was ich vorhatte. Außerdem kann das Schweben so einfach sein, man muss nur wissen, welcher Schirm sich dafür eignet!
Na gut, es steckt natürlich eine Menge Vorbereitung dahinter, aber es ist schließlich extra so gemacht, dass man nicht sieht, wie das Schweben zustande kommt. Und so überlasse ich es meinem Publikum, ob es versucht, hinter einen Trick zu kommen oder ob es an ein Wunder glaubt.

In einem meiner frühesten Internetvideos, noch vor meinen Auftritten im Fernsehen, habe ich einmal einen Passanten schweben lassen, um ihn dann, unter freiem Himmel, mitten in der Luft verschwinden zu lassen. Solche Großillusionen, hier die Neubearbeitung des Klassikers »Die schwebende Jungfrau«, kannte man bis dahin nur von großen Bühnen, wo der Zuschauer leider weit weg vom Geschehen sitzt und doppelte Böden, Spiegel oder unsichtbare Seile vermutet. Solchen Erklärungsansätzen wollte ich entgegenarbeiten, und unter freiem Himmel kann man viele Hilfsmittel oder Requisiten gar nicht einsetzen. Aber so einfach war die Umsetzung dann nicht. Ich arbeitete über einen Zeitraum von drei Jahren an der Planung und Umsetzung des »schwebenden Passanten«. Das war eine sehr kreative Zeit, in der auch wichtige Videos entstanden sind, zum Beispiel mit Sido und Don King, von denen ich später noch erzählen werde.
Weil ich oft gefragt werde, wie ich arbeite und was genau ich dann tue, erzähle ich dir jetzt mal der Reihe nach, was so ein Kunststück an Vorarbeit braucht: Zuerst recherchiere und sichte ich alle klassischen Techniken zu der jeweiligen Nummer, und in diesem Fall waren das etliche. Dann überlege ich, wie ich den Effekt für mich adaptieren kann, das heißt, wie ich die Illusion gestalte, damit sie moderner und verblüffender wird.

Zum Brainstormen benutze ich eine bestimmte Folie, die hauchdünn ist und nur durch elektrische Ladung an der Wand haftet – wie von Zauberhand eben! Darauf notiere ich alle Techniken, Vor- und Nachteile und sämtliche Aufgaben, die ich zu erledigen habe, Informationen, die ich noch brauche, Ideen zur Präsentation, mögliche Pointen bei der Ausführung usw. Das Ergebnis fotografiere ich ab. Weil die Illusion des »schwebenden Passanten« so umfangreich war, ließ ich die Folien zwei Jahre lang an meiner Werkstattwand hängen, um immer dann, wenn Zeit war oder mir eine Idee kam, unvermittelt daran weiterarbeiten zu können.

Da keine der bekannten Techniken unter freiem Himmel mit umstehenden Passanten funktioniert hätte, musste ich mir etwas Neues ausdenken, also eine komplett neue Technik erfinden. Ich hatte verschiedene Ideen, die ich alle einer sorgfältigen Prüfung unterzog. Das bedeutet, man muss zuerst Hilfsmittel beschaffen und zum Teil aufwendige Requisiten bauen. Dann geht es an die Probeläufe, um zu schauen, ob sich die Idee tricktechnisch umsetzen lässt oder ob die Zuschauer etwas von den »magischen« Abläufen bemerken würden. Erst nach einem Jahr hatte ich endlich die passende Technik für den »schwebenden Passanten« entwickelt.

Weil ich den Passanten dann aber auch noch in der Luft verschwinden lassen wollte, musste noch einmal eine neue Technik her. Ich wundere mich oft selbst, welche Ausdauer ich an den Tag legen kann, wenn ich mir eine neue Nummer ausdenke. Schließlich dachte ich mir ein Hilfsmittel aus, das in der Videoaufnahme und für die Zuschauer vor Ort natürlich unsichtbar ist.

Endlich folgten die Proben. Immer wieder aufregend und, wenn es gelingt, beglückend, dieses erste Ausprobieren. Dabei zeige ich eine neue Illusion erst einmal nur meinen Leuten, Assistenten und Freunden. Nach mehreren reibungslosen Probeläufen ging ich dann mit einem Team von vier Leuten auf die Straße in Hagen und fragte spontan Passanten, ob sie Lust hätten, mitzumachen. Von den elf, die ich fragte, hatten drei den Mut. Und den besten Dreh stellte ich am Ende ins Netz. Wahnsinn, so viel Arbeit für einen so kurzen Film, aber es hatte sich mal wieder gelohnt!

Es gibt natürlich noch jede Menge andere Illusionen, die die Naturgesetze außer Kraft zu setzen scheinen: die stoffliche Veränderung von etwas, zum Beispiel das Weichmachen von Metall beim Biegen eines Löffels. Ich selbst bog in einer *Street Magic*-Folge signierte Münzen, was noch etwas anspruchsvoller ist als die Nummer mit dem Löffel. Andere Beispiele wären: einen schweren Gegenstand schwimmen, einen Ball bergauf rollen oder Wasser bei Raumtemperatur zu Eis werden lassen. Mich reizen solche Illusionen erst so richtig, wenn sie sich an die Lebenswelt meiner Zuschauer anbinden lassen. Also etwa ein magischer Spaß im Straßencafé: Gerade noch hast du glücklich am Strohhalm in deinem Cocktail gesogen, kurz darauf ist er im Getränk festgefroren. Oder ein magischer Schock am Urlaubsstrand: Huch, was macht denn dein Leihwagen im Meer, untergehen tut er jedenfalls nicht!

Verblüffende Voraussagen, Gedankenkunst und Zahlenwunder: mentale Effekte

Hast du schon mal an eine Person gedacht, und im nächsten Moment klingelte dein Telefon, und die Person, an die du gedacht hast, war am anderen Ende der Leitung? Meinst du manchmal zu wissen, was ein anderer denkt? Hattest du schon mal eine Vorahnung, dass etwas Bestimmtes so und nicht an-

ders eintrifft? Vielleicht sogar den Moment gespürt, in dem ein Mensch gestorben ist? Gibt es für dich Schicksal?
Sicher hast du die eine oder andere Situation schon einmal erlebt. Und jeder von uns kennt eine Geschichte, bei der eine Person durch die kurzfristige Änderung ihrer Pläne oder einen glücklichen Umstand einem schrecklichen Unfall entgangen ist. Ich erinnere mich mit Schrecken an einen frühen Morgen in Tunesien. Die Diskotheken schlossen um vier, mein Freund Nizar und ich saßen in einem Straßencafé mit Blick aufs Meer im Sonnenaufgang. Das Café lag an einer Kurve am Ende der Promenade. Auf einmal parkte ein Volvo-Kombi neben uns, der uns komplett die Aussicht verstellte. Ich wollte den Fahrer bitten, den Wagen ein Stück weiter zu parken, aber es stieg eine ältere Dame aus, so dass ich es aus Respekt seinließ. Ich wollte ihr keine Umstände machen.
Nicht einmal zehn Minuten später hörten wir einen heftigen Knall und standen instinktiv auf, um nachzusehen, was los war. Ein Audi TT flog auf uns zu. Wir stürzten zurück, so dass die Stühle umfielen; dann blieben wir vor Schreck wie versteinert stehen. Der TT knallte mit voller Wucht in den Volvo und prallte an ihm ab, wodurch der Volvo in Richtung Café geschleudert wurde und direkt auf unseren Tisch krachte.
Wir standen fassungslos davor. Der Audi musste mit hohem Tempo gegen eine Verkehrsinsel geknallt sein, die ihn hatte abheben lassen. Wie durch ein Wunder wurde niemand verletzt! Nizar und ich standen die nächsten drei Tage immer noch unter Schock. Wäre der Kombi nicht gewesen …
Was sind das nun für Phänomene? Sind hier übernatürliche Kräfte am Werk, oder ist doch alles Zufall, und wir konstruieren den Sinn dahinter bloß? Ganz ehrlich: Ich weiß es nicht, aber ich glaube schon, dass es Kräfte gibt, die wir uns nicht erklären können. Ich bin überzeugt, dass jeder von uns bestimmte

»übernatürliche« Fähigkeiten in sich trägt – manche haben sie allerdings verlernt oder den Glauben daran verloren. Heute will man alles begreifen und hinterfragen.
Der Reiz für mich als Magier und Mentalist besteht darin, dass ich mit Illusionen, die mentale Effekte hervorrufen, übernatürliche Kräfte nachahmen kann. Das kann man so geschickt machen, dass selbst die größten Zweifler wieder anfangen, an Wunder zu glauben. Und selbst diejenigen, die sich nicht täuschen lassen und Mentalmagie für Unterhaltung halten, reden oft noch Tage später darüber, machen sich Gedanken, posten Fragen auf Facebook und überlegen, wie der Mentalist vorgegangen sein könnte, um den Effekt zu erzielen. Dabei können höchst intelligente, sehr phantasievolle, einfach nur lustige oder völlig abstruse Erklärungsversuche herauskommen. Ich höre immer wieder gern, was sich die Leute ausdenken.

Eine schöne Mentalnummer ist beispielsweise das Vorhersagen von Fußballergebnissen. Vor einiger Zeit etwa habe ich elf Tage vor einem Spiel von Real Madrid gegen den FC Barcelona das Ergebnis auf eine CD gesprochen und diese in einen Umschlag gegeben. Ich war von dem Fußballspielerberater Jörg Neubauer für ein Firmenevent, das am Folgetag des Spiels geplant war, engagiert und hatte ihn – das Dortmund-Bayern-Spiel stand ebenfalls noch bevor – gefragt, ob ich ihn und seine Gäste mit einer Fußball-Vorhersage überraschen dürfe. Er war natürlich begeistert, und ich kündigte ihm an, dass er in den nächsten Tagen eine CD in einem verschlossenen Kuvert erhalten würde, das er nicht öffnen dürfe. Erst bei der geplanten Veranstaltung sollte die CD abgespielt werden. Auf diesen Moment freute ich mich schon, denn es waren einige herausragende Fußballprofis eingeladen.
Meine Showeinlagen auf der Feier lockerten die ohnehin gute

Stimmung noch auf, und ich war gespannt, wie die Reaktion auf die Vorhersage ausfallen würde. Als es so weit war, erklärte ich nur das Nötigste und bat Jörg Neubauer, die CD in den Player zu legen und abzuspielen. Für alle Zweifler: Seit ich das Paket mit der CD zur Post gebracht hatte, habe ich es nicht wieder angefasst!

Als die CD losging, hörte man, wie meine Stimme zuerst das Datum des Aufnahmetags nannte und dann ein paar erklärende Worte kundtat, etwa dass sich die CD fast zwei Wochen vor der geplanten Veranstaltung bereits ungeöffnet im Besitz von Herrn Neubauer befand.

Es folgte der erste magische Moment: »Hiermit spreche ich meine große Vorhersage auf: DORTMUND WIRD MEISTER!« Großes, erfreutes Gemurmel brach aus, der Sieg der deutschen Meisterschaft war für Dortmund zu diesem Zeitpunkt bereits sehr, sehr wahrscheinlich. Meine Vorhersage ging aber noch weiter: »Das große Spiel – gestern Abend für Sie und in zwölf Tagen für mich – zwischen Real Madrid und dem FC Barcelona geht 2 zu 1 aus, das erste Tor wird von einem Deutschen geschossen.«

Erstauntes Gelärme erfüllte den Saal, dann Applaus. »Wie konnte er das wissen?« – »Da muss es doch einen Trick geben …«

Torwart Roman Weidenfeller von Borussia Dortmund sprach mich direkt an: »Hey, ich weiß, wie du das gemacht hast.«

»Nicht für unter hundert Euro weitersagen!«, gab ich grinsend zurück.

»Doch, ich weiß es. Du kannst bauchreden, richtig? Ich hätte dich fast angesprochen, während du die CD abgespielt hast. Aber ich wollte den Spaß nicht verderben.«

Hmmm, keine schlechte Idee, dachte ich. Das passiert immer mal wieder, dass Zuschauer meinen, das große Rätsel hinter dem magischen Kunststück gelüftet zu haben. Doch meist muss ich sie enttäuschen. Trotzdem merke ich mir, was sie vermutet haben, um dann beim nächsten Mal so vorzugehen, dass andere nicht auf diese Idee kommen. Bei der Vorhersage-Nummer müsste ich mir also beim Abspielen der CD mit der Zunge über die Lippen fahren oder leise hüsteln, damit keiner einen Bauchredner vermutet.

Dass ich für einen Bauchredner gehalten wurde, hat mir als mögliche Erklärung für die Voraussage gefallen, schließlich täuschen professionelle Bauchredner höchst gekonnt das Gehör, und ich fand es auch gut geschlussfolgert. Aber ich wurde auch schon einmal für eine lebensgroße, mit Helium gefüllte Plastikpuppe gehalten, als ich in einem Video davonschwebte. Hallo? Wie arm wäre das denn? Bei manchen Skeptikern kommt es eben schon mal zu völlig abstrusen Vorstellungen, die sie selbst für völlig plausibel halten. Ich erinnere an die angebliche Massenhypnose der indischen Fakire, die ich bereits erwähnte.

Vorhersagen eines Magiers werden oft argwöhnisch hinterfragt. Dabei schlagen uns die Medien doch jeden Tag irgendwelche Voraussagen und Prognosen um die Ohren, die unsere Lebenswelt nachhaltig betreffen: Wettervorhersage, technische Entwicklungen, Aktienkurse, Wahlergebnisse, Bevölkerungsentwicklung, Steueraufkommen usw. Doch im Alltag verlieren die meisten ihren kritischen Geist und bemerken nicht einmal, wie sie sich von allen möglichen Prognosen beeinflussen lassen. Man sollte sich immer wieder die Frage stellen, wie glaubwürdig solche Prognosen überhaupt sind. Rolf Dobelli hält in seinem aufschlussreichen Buch »Die Kunst des klaren Denkens« das Ergebnis einer interessanten Studie von Philip Tetlock fest: »Der Berkeley-Professor wertete 82 361 Vorhersagen von insgesamt 284 Experten über einen Zeitraum von zehn Jahren aus. Das Resultat: Die Prognosen trafen kaum häufiger zu, als wenn man einen Zufallsgenerator befragt hätte.« Dobelli spricht hier passenderweise von der »Prognoseillusion«. Illusionen bestimmen unser Leben weitaus häufiger, als wir denken. Mal ehrlich, wenn ich wirklich in die Zukunft schauen könnte, dann würde ich mein Geld an der Börse investieren.

Ein Magier täuscht die Sinne, vorrangig die Augen, ein Mentalist den Verstand, so könnte man eine Unterscheidung versuchen. In den 1970er Jahren löste der israelische Mentalist Uri Geller länderübergreifend eine wahre Hysterie aus, weil er Löffel verbiegen und defekte Uhren wieder zum Laufen bringen konnte, allein mit seiner paranormalen und medialen Kraft – wie er damals noch betonte. Heute ist es selbstverständlich, dass Magier und Mentalisten offen verkünden, dass sie Illusionen schaffen, und zwar als hochentwickelte Unterhaltungskunst, nicht als übernatürlichen Hokuspokus.
Als mich Pro 7 zur Teilnahme an der ersten Staffel der Mysterysendung *The next Uri Geller* einlud, war ich zunächst unentschlossen, ob ich mich wirklich als Mentalist in die Köpfe der Zuschauer zaubern wollte. Denn eigentlich sehe ich mich als Magier. Doch ich nahm diese einmalige Chance an, die mich nicht nur auf den zweiten Platz in der Sendung, sondern vor allem zu meiner eigenen TV-Serie brachte.
Wer mich nun bei *The next Uri Geller* gesehen hat, wird sich vermutlich an eine Sendung besonders gut erinnern, auf die ich auch heute noch immer wieder angesprochen werde. Für die fünfte Sendung hatte ich eine Mentalillusion mit vier Nailguns – so eine Art Nagelpistolen, die Dachdecker benutzen, um Holzlatten zu fixieren – vorbereitet. Von den vier Nagelpistolen war eine geladen, und ich forderte einen der teilnehmenden Promis auf, die Pistolen zu mischen, so dass ich nicht wissen konnte, welche die geladene war.

Während der Nummer assistierte mir die TV-Moderatorin Mareile Höppner, die sich nicht wirklich wohl in ihrer Haut fühlte, denn sie musste die von mir ausgewählten und als safe befundenen Nailguns Nummer eins und zwei abdrücken. Dafür hatte ich mit einem Stift Körperstellen markiert, auf die sie zielen sollte: den Handrücken, die Armbeuge und das Schlüsselbein über der linken Brust. Konnte Mareile darauf vertrauen, dass ich die ungefährlichen Waffen auswählte? Es fiel ihr nicht leicht, und zweimal ging es gut aus! Dann gab es nur noch zwei Nagelpistolen, die Chance stand fünfzig, fünfzig. Diesmal hielt ich mir die Nailgun selbst an das linke Schlüsselbein, wo ich ein fettes Kreuz gemacht hatte.

Auch ich stand jetzt unter Spannung, und in meinem Kopf überschlugen sich die Gedanken. Denn eigentlich hatte ich die Nummer anders umsetzen wollen. Was sollte ich jetzt tun? Die Nummer abändern und wie zunächst geplant vorführen oder bei der abgeschwächten Form bleiben? Yep: Ich zog die Pistole hoch an die Schläfe und zielte auf meinen Kopf. Klack! – Ein leerer Schuss. Ich hatte die richtige Nailgun gewählt, alles war gut! Na ja, nicht alles. Uri Geller sprang von seinem Sessel auf und schrie aufgebracht: »Farid, stop it!« Er regte sich auch nach der Sendung noch fürchterlich auf.

Ich hingegen war froh, dass ich zum Kopfschuss gewechselt hatte, denn für mich war die Nummer gar nicht anders denkbar. Das Schlüsselbein als dritte Körperstelle hatte ich nur aufgegriffen, weil man mir das Zielen auf den Kopf ausdrücklich untersagt hatte. Auch deshalb war Uri Geller vermutlich wütend. Ich hatte mich nicht an die Absprache gehalten. Die Wellen schlugen hoch, Pro 7 überlegte, mich aus der Sendung zu nehmen. Dieses Risiko hatte ich miteingerechnet. Dann wäre ich eben rausgeflogen, aber ich wollte mir meine Nummer nicht »verbiegen« lassen.

Leidgetan hat mir mein Auftritt allerdings für meine Mutter. Der Todestag meines Vaters lag erst wenige Monate zurück, und als sie vor dem Fernseher saß und sah, wie ich die Nagelpistole zum Kopf führte, glaubte sie für den Bruchteil einer Millisekunde, ich wolle mir das Leben nehmen. Als der böse Spuk vorbei war, fiel ihr wieder ein, dass ich ihr einige Tage zuvor gesagt hatte, egal, was in der nächsten Zeit passieren würde, sie solle immer sicher sein, dass es mir gutgehe. Trotzdem weiß ich, dass ich ihr einen fürchterlichen Schrecken eingejagt habe. Nur deshalb bedaure ich mein unbeirrbares Vorgehen. *Sorry, Mum.*

Ein Mentalist braucht keine telepathischen Fähigkeiten zu haben, und er muss nicht die Gedanken eines anderen lesen können. Er sollte aber den Zuschauer davon überzeugen, dass er sie hat und dass er es kann. Bestimmt fragst du dich jetzt, wie das überhaupt geht, über eine Person oder ihre Zukunft richtige Aussagen zu machen, wenn man gar kein Hellseher ist?

Dafür gibt es ganz besondere Methoden und Techniken, die manche Mentalisten perfekt beherrschen. Eine Möglichkeit, etwas über eine völlig fremde Person herauszufinden, die man noch nie zuvor gesehen hat, ist das Cold Reading. Hierbei leitet man Informationen über eine Person aus ihrer Stimme, dem Sprechen, der Mimik, dem Handeln usw. ab. Auf diese anspruchsvolle und spannende Methode werde ich im nächsten Kapitel noch ausführlich eingehen.

Um mentale Experimente durchführen zu können – Experimente sagt man, weil der Ausgang dieser Sorte Illusionen nicht sicher vorherzusehen ist und man oft improvisieren muss –, beeinflusse ich die Vorstellung und Empfindung meines Gegenübers auch durch Suggestion. »Suggerieren« stammt aus dem Lateinischen und bedeutet wörtlich übersetzt so viel wie »von unten herantragen, eingeben, einflüstern«. Durch Suggestion kann man Menschen geistig beeinflussen, um ihr Verhalten in eine gewünschte Richtung zu steuern.

»Suggestion« war auch der Titel einer *Street Magic*-Illusion, bei der ich über ein großes Plakat Einfluss auf das Handeln der Personen genommen habe, die ich für die Straßenmagie gewinnen konnte. Auf dem Plakat, professionell hinter Glas außen an einem Haltestellenhäuschen angebracht, war ein Foto zu sehen, wie ich einzelne Passanten auf der Straße anspreche. Und genau das tat ich vor dem Plakat auch in der Realität.

Ich hatte drei Gegenstände in einer durchsichtigen Box. Den ersten jungen Typen bat ich, die drei Gegenstände – Geld in einer Klammer, ein Handy, eine Kette – aus der Box zu nehmen, dann sollte er mir einen Gegenstand zurückgeben. Er gab mir das Geld. Dann fragte ich, ob er etwas tauschen wolle. Daraufhin gab er mir das Handy und nahm selbst das Geld; das Handy legte ich zurück in die Box. Dann bat ich ihn, mir einen zweiten Gegenstand zurückzugeben, und er überreichte mir die Kette. Schließlich fragte ich, ob er noch irgendetwas tauschen möchte, aber er blieb dabei.

Das war Magie! Die Magie in seinem Kopf, denn auf dem Plakat war es genau so abgebildet. Darauf war ich zu sehen, ich trug die Kette, sie war also bei mir. In der Box, die ich auch auf dem Plakat in der Hand hielt, lag das Handy, und das Geld mit der Klammer streckte ich dem Betrachter entgegen. Auf der Geldklammer stand: »Das ist dein Geld.«

Ich gestaltete die Illusion noch mit einigen Passanten, und es war jedes Mal das gleiche Ergebnis. Durch das Plakat, das manche Passanten nur ein paar Sekunden sahen, konnte ich das Unterbewusstsein der Leute manipulieren, so dass sie das taten, was ich wollte.

Nicht viel anders wirkt Werbung. Was wir – womöglich unbewusst – wahrnehmen, ein Plakat oder ein Slogan, kann unser Verhalten beeinflussen. So suggeriert Werbung, dass wir ein bestimmtes Produkt unbedingt brauchen: Bonbons als Vitaminquelle; ein bestimmtes Deo, um bei Frauen zu landen; Margarine, um schlank zu bleiben. Die Werbebotschaft manipuliert unser Kaufverhalten. Wer also eben noch dachte, böser, böser Magier, du beeinflusst uns, ohne dass wir es merken, der kratzt sich jetzt bestimmt am Kopf, weil ihm mal wieder bewusst wird, wie stark wir ständig und überall manipuliert werden.

Mentalmagier wie auch Hypnotiseure nutzen die Suggestion, um ihr Medium, so wird die Person genannt, mit der der Mentalmagier seine Experimente durchführt, in Trance zu versetzen. In der Hypnose lassen sich die Willens- und auch manche körperlichen Funktionen besonders leicht beeinflussen.

Der Begriff Hypnose stammt aus dem Altgriechischen und bedeutet »Schlaf«. Aber tatsächlich schläft man nicht, wenn man sich in einem hypnotischen Trancezustand befindet, sondern man ist sehr entspannt und hat eine geänderte Aufmerksamkeit. Eine Hypnose wird meist durch Sätze wie zum Beispiel »Sei ganz entspannt, atme ruhig und folge meiner Stimme …« eingeleitet, das nennt man Tranceinduktion. Ob und wie schnell die zu hypnotisierende Person tatsächlich in Trance fällt, hängt davon ab, wie stark sie dem Hypnotiseur vertraut und mit ihm geht. Während der Hypnose kann dann mittels Suggestion, etwa durch verbale Aufforderungen, Einfluss auf das Unbewusste genommen werden. Auch in der Medizin und in therapeutischen Behandlungen wird sie eingesetzt, etwa bei der Rauchentwöhnung.

Bei der Hypnose ist es immer sehr wichtig, dass der Hypnotiseur verantwortungsbewusst und umsichtig vorgeht, damit die hypnotisierte Person keine körperlichen oder seelischen

Schäden davonträgt. Es gab einen Fall, bei dem einer Person unter Hypnose suggeriert wurde, sie würde einen elektrischen Schock erhalten. Diese Person starb wenige Stunden später an Herzversagen. Hypnosen können unter entsprechenden Umständen auch eine Psychose auslösen, es ist also nichts, das man zum Spaß einfach mal ausprobieren sollte.

Ich selbst habe daher sehr viel Respekt davor, Zuschauer meiner Show zu hypnotisieren, denn ich kenne diese Menschen nicht und weiß nichts über ihre psychische Stabilität oder ihre körperliche Gesundheit. Erfahrungen in diesem Bereich habe ich bisher ohne Kamera und fremde Zuschauer gesammelt. Und das finde ich auch den einzig richtigen Weg, wenn man sich nicht der Scharlatanerie bezichtigen lassen will.

Vor wenigen Monaten überredete mich ein junger Mann hartnäckig, dass ich ihn hypnotisieren solle. Ich saß mit Freunden in der Bar 51 in Köln, die Omar, ebenfalls ein guter Freund von mir, betreibt. Der junge Mann, der mich ansprach, hieß Tobias. Er stellte mir viele Fragen zu Illusionen, die er von mir kannte, und schien ein echter Fan zu sein. Irgendwann fragte er mich, ob ich ihn nicht hypnotisieren könne, das wollte er immer schon mal ausprobiert haben. Ich lehnte es ab. Er bat mich noch einmal, und auch seine Verlobte redete auf mich ein, ihm doch den Gefallen zu tun. Die beiden ließen nicht locker.

Ich muss dazusagen, dass ich keinen Alkohol getrunken hatte, weil ich an dem Abend noch zurück nach Hagen fahren wollte. Hätte ich etwas getrunken gehabt, hätte ich Tobias den Gefallen nicht getan. Aber nun wechselten wir, Tobias, seine Verlobte, zwei meiner Freunde und ich, in einen ruhigen Büroraum, den ich erst einmal abdunkelte, weil die Straßenbeleuchtung allzu hell hereinschien. Ich bat Tobias, sich in den Bürosessel zu setzen, die anderen sollten ruhig im Hintergrund einen Platz einnehmen.

Was ich in der Hypnose suggerieren wollte, wusste ich schon: Zuvor hatte ich ein paarmal zu Übungszwecken Freiwillige aus meinem Bekanntenkreis hypnotisiert und sie ihren Vornamen vergessen lassen, manchmal ihnen auch einen neuen Vornamen suggeriert. Dies machte ich nun auch mit Tobias, und es war mir selbst unheimlich, wie schnell er in Trance fiel. Er war anscheinend sehr empfänglich für meine Suggestionen.

Als ich ihm suggeriert hatte, dass er seinen Vornamen nicht mehr wisse, bat ich ihn, seine Augen zu öffnen, und fragte zuerst, ob er sich gut fühle.

Er antwortete: »Ja.«

Dann fragte ich: »Weißt du, was ich beruflich mache?«

»Du bist Zauberer bei Pro 7!«

»Was machst du beruflich?«

»Ich arbeite bei Mercedes!«

»Weißt du, wie ich heiße?«

»Du heißt Farid!«

»Und wie heißt du?«

»Ich heiße … Ich heiße … Ich habe keinen Vornamen!«

Die Freundin konnte sich ein leises Aufstöhnen vor Schreck nicht verkneifen.

Ich fragte noch einmal: »Du hast keinen Vornamen?«

»Nein!«

»Aber jeder Mensch hat doch einen Vornamen.«

»Nein, ich habe leider keinen!«

Jetzt bat ich Tobias, seine Augen noch einmal zu schließen. Ich sprach erneut mit ihm, und als er die Augen wieder öffnen sollte, war er der Auffassung, *er* würde Farid heißen!

Ich beendete das Experiment an dieser Stelle, ließ ihn nochmals die Augen schließen, sprach mit ihm, sagte ihm seinen richtigen Vornamen und dass er sich jetzt wieder erinnern könne, und so war es auch, als er die Augen aufschlug. Seine Verlobte lehnte kreidebleich und mit offenem Mund an einer Wand. Tobias war begeistert und fassungslos zugleich. Aber es ging ihm gut.

Ein Mentalist ist meist auch ein Gedächtniskünstler, der sich mittels Mnemotechnik, also mit Hilfe von Merk- und Rechenhilfen und systematischem Üben, Dinge leichter einprägen kann, etwa mehrstellige Zahlen, die Anordnung verschiedener Spielkarten oder Kartenspiele, mathematische Formeln, Namen usw.

Ich selbst kann mir Bilder besonders gut merken, auch Bilder von Orten. Wenn ich ein paarmal mit dem Auto durch eine Stadt gefahren bin, auch eine größere, kenne ich mich so gut aus, dass ich kein Navigationsgerät mehr benötige. Und ich habe ein super Erinnerungsvermögen an feine Details. Zum Beispiel kann ich nach einem Besuch in einer fremden Wohnung alles, was ich wahrgenommen habe, auch genau beschreiben; wo was steht, welche Farbe ein Möbelstück hatte, wie viele Fenster es im Wohnraum gab, was sich in den Regalen befand usw. Wird mir jemand vorgestellt, nehme ich meist instinktiv wahr – wohl eine Art Berufskrankheit –, welchen Schmuck derjenige trägt, welche auffälligen Merkmale die Person hat, welche Haltung sie einnimmt und welchen Kleidungsstil sie bevorzugt.

Dass ich alles so genau wahrnehme, fällt mir dabei gar nicht auf, erst hinterher, wenn ich Personen detailgenau beschreiben kann. Pierre fragt mich zum Beispiel oft, wenn wir gemeinsam feiern waren, hinterher, was denn so für Leute da waren. Wenn ich dann sage »Du warst doch selbst dabei«, lacht er meist und sagt: »Ja, aber ich bekomme nicht mal die Hälfte von dem mit, was dir auffällt.«

Auch das Herstellen von Zusammenhängen fällt mir leicht.

Zum Beispiel auf einer Feier: Wer gehört zusammen, wer kann sich nicht leiden, wer himmelt wen an, wer meidet wen ... Bei meiner Arbeit ist das ebenfalls wichtig, denn oft muss ich innerhalb weniger Sekunden entscheiden, ob ein Zuschauer sich als Bühnenpartner eignet. Schließlich steht und fällt ein mentales Kunststück mit der Bereitschaft des Mediums, also der Person, der man etwas voraussagt oder deren Gedanken man liest.

Als Rechenkünstler bin ich in der Schule nicht aufgefallen, aber Rechentricks und Formeln, mit denen man den Geburtstag einer Person oder Ähnliches ausrechnen kann, die hätte ich schon damals im Schlaf aufsagen können. Und wenn sie sich einmal dermaßen ins Hirn eingebrannt haben, dann wird man sie so schnell auch nicht mehr los. Das ist praktisch, denn so hat man immer ein Notmagiepaket im Kopf.

Wie steht es mit dir und der Rechenkunst? Hast du Lust, deine Freunde, Kollegen oder Mitschüler mit mentaler Zahlenmagie mal so richtig zu verblüffen? Dann probiere das folgende Rechenwunder mit Publikum aus. Schlecht wäre es aber nicht, wenn du dir vorher etwas Text überlegst und das kleine Zauberkunststück einübst, damit du dich nicht verhaspelst.

1. Lass dir von den anwesenden Personen dreistellige Zahlen nennen, von denen die erste Ziffer höher sein soll als die letzte. Weise außerdem darauf hin, dass die Zahlen keine Nullen enthalten dürfen. Du notierst die Zahlen, die dir zugerufen werden, und wählst dann eine aus, die höher als 231 ist. Nehmen wir an, du wählst die Zahl 573.
2. Notiere jetzt die Zahl 1089 auf einem anderen Zettel. Das Publikum darf die Zahl nicht sehen. Falte den Zettel. Übergebe den Zettel einer Person im Publikum, die ihn gefaltet aufbewahren soll.

3. Nun rechnest du wie folgt, gut sichtbar für die Anwesenden:

Ausgewählte Zahl zum Beispiel:	573
Subtrahiere die umgekehrte Ziffernfolge:	– 375
Zwischenergebnis	198
Addiere die umgekehrte Ziffernfolge:	+ 891
Gesamtergebnis	1089

4. Lass den Zettel, den der Zuschauer für dich aufbewahrt hat, auffalten. Das Ergebnis 1089 steht ebenfalls auf diesem Zettel. Genieße die staunenden Blicke ...

Achtung: Dieser mathematische Kniff funktioniert bei jeder dreistelligen Zahl, die nach den Vorgaben ausgewählt wurde. Das Ergebnis ist also bei jeder Rechnung 1089 – eine wirklich magische Zahl! Und deshalb wichtig: Diesen Trick definitiv NIEMALS vor demselben Publikum wiederholen!

Kopf ab und wieder dran, schicksalhafte Schläge in den Magen und Blut weinen: bizarre Effekte und Stunts

Dass heutzutage alles extremer ist als in der »guten alten Zeit«, gilt ganz bestimmt nicht für die Zauberei. Vor allem, wenn es um blutrünstige Vorführungen geht, hat die Vergangenheit deutlich die Nase vorn. Die ältesten überlieferten Wundergeschichten stammen aus dem Westcar-Papyrus von etwa 1600 v.Chr., der nach einem späteren Besitzer benannt wurde und sich heute im Ägyptischen Museum in Berlin befindet.

In diesem alten Text, der in Hieroglyphen verfasst ist, erfahren wir etwas vom Leben am Hofe des Königs Cheops. Er bat seine Söhne einst, ihm Wundergeschichten vorzutragen. Eine dieser Geschichten handelt von einem Priestermagier namens Ubaoner, der von seiner Frau betrogen wurde. So formte er ein Krokodil aus Wachs und belegte es mit einem Zauber. Bevor es zu einem erneuten Stelldichein der Ehebrecher in einem Pavillon auf einem See kommen konnte, warf Ubaoner die verzauberte Wachsfigur ins Wasser, woraufhin sie sich in ein lebendiges Krokodil verwandelte, das den Geliebten verschlang.

Prinz Hordjedef, ein weiterer Sohn des Königs, begnügte sich nicht mit einer Geschichte, sondern ließ den Vater einen Zauberer einladen, der gleich vor Ort am Hofe sein Wunder vollbringen sollte. Dieser Magier hieß Dedi, und er soll es verstanden haben, einen Kopf abschlagen und wieder anzaubern zu können. Als der König einen Gefangenen für seinen Zauber holen lassen wollte, lehnte Dedi dies jedoch ab und ließ sich eine Gans bringen. Er schnitt ihr den Kopf ab und legte die Körperteile in einiger Entfernung voneinander ab. Sodann sprach er einen Zauber, und die beiden Körperteile bewegten sich aufeinander zu. Innerhalb kürzester Zeit stand die Gans wieder unversehrt da und watschelte davon. Dedi ließ sich noch einen anderen Vogel und einen Stier bringen und wiederholte den Zauber vor dem staunenden König.

Ob diese Wundertaten nur Märchen sind, oder ob es damals tatsächlich Priestermagier gab, die zu solch großen Illusionen fähig waren, darüber können wir heute nur spekulieren. Den Effekt, einen Kopf abzuschlagen und ihn wieder anzuzaubern, haben unzählige Magier aufgegriffen. Im Mittelalter war es zum Beispiel eine höchst beliebte Zaubernummer, einen Hahn zu enthaupten, dass das Blut nur so spritzte, und ihn dann wieder in seine unversehrte Gestalt zu verwandeln.

Wie das funktioniert? Auch hier kann man natürlich an ein

Wunder glauben, ich allerdings stelle mir das Ganze in etwa so vor: Man braucht einen lebenden Hahn und einen Hahnenkopf oder eine entsprechende, echt aussehende Attrappe, an der man eine Blase anbringt, die mit Blut gefüllt ist. Um den falschen Kopf an die Stelle des echten zu bekommen, muss man den Kopf des Tieres unter den Flügel binden. Wenn der Magier nun den scheinbar echten Kopf des Hahns abtrennt, schneidet er tatsächlich in die gefüllte Blase, so dass das Blut herausströmt. Dann muss man den falschen Kopf in einer heimlichen Bewegung wegstecken – zum Beispiel in eine Innentasche im Ärmel, während der echte unter dem Flügel herausgezogen wird. Voilà, Kopf ab und wieder dran!

Auf Leben und Tod ging es meistens auch bei meinem großen Idol Harry Houdini. Seine weltberühmten und spektakulären Entfesselungsaktionen gelten noch heute als legendär und bieten selbst jungen Magiern immer noch eine Quelle für Inspirationen. Dabei überbot er sich jedes Mal selbst von neuem: Er befreite sich, kopfüber an einem Wolkenkratzer hängend, aus einer Zwangsjacke; aus einer der berüchtigten Todeszellen von Sing-Sing, einem nicht zuletzt durchs Kino bekannten amerikanischen Hochsicherheitsgefängnis; aus verschlossenen Kisten, die sich unter Wasser befanden, und Ähnliches mehr.
Bei einem legendären Auftritt 1909 in Hamburg ließ Houdini sich Handschellen anlegen, dann tauchte er in eine riesige, mit Wasser gefüllte Milchkanne. Die Spannung muss kaum auszuhalten gewesen sein, als die Assistenten die Milchkanne mit einem durch Vorhängeschlösser gesicherten Deckel verschlossen. Nachdem die Assistenten einen Vorhang vor das Behältnis zogen, vergingen zwei, drei Minuten – eine unerträgliche Wartezeit für die Zuschauer. Bis Houdini unversehrt hinter dem Vorhang hervortrat, klatschnass!

Houdinis Abtritt von der Lebensbühne war nicht weniger sagenumwoben als seine Auftritte auf den Bühnen der Welt. Bilder von ihm zeigen einen muskelbepackten Mann, der seine Kraft demonstriert, sooft und so spektakulär er nur kann. Einmal tat er öffentlich kund, dass er selbst heftige Körperschläge allein durch Muskelanspannung abfangen könne. Diese Äußerung wurde ihm im Jahr 1926 zum Verhängnis.

Als ihn ein junger Freund in Begleitung des Amateurboxers Jocelyn Gordon Whitehead vor einem Auftritt in Montreal in seiner Garderobe besuchte, fragte Letzterer, ob es stimme, dass er Schläge durch Anspannung seiner Muskeln abfedern könne. Houdini, der gerade Post sortierte, bejahte es beiläufig, erwartete aber anscheinend nicht, dass der Besucher seine Worte auch in Aktion testen wollte. Völlig unvorbereitet trafen ihn mehrere starke Hiebe in den Magen. Zunächst schien Houdini noch keine Schmerzen zu verspüren und verabschiedete seine Besucher höflich. Doch nach einer Weile trat eine schmerzhafte Schwellung am Bauch auf.

Houdini, dem seine Bühnenarbeit immer das Wichtigste war, verzichtete auf einen Besuch beim Arzt und trat wie geplant nicht nur am selben Abend, sondern auch noch am nächsten Abend in Detroit auf. Als er am dritten Tag wegen übelster Schmerzen nicht anders konnte, als ein Krankenhaus aufzusuchen, musste er sofort notoperiert werden. Er hatte schwerste innere Verletzungen – Bauchfellentzündung und Blinddarmriss. Die ärztliche Hilfe kam zu spät. Houdini starb 52-jährig in Detroit. Beerdigt wurde er in einem Bronzesarg, den er für eine neue Großillusion hatte bauen lassen.

Ein moderner Magier, der Harry Houdinis spektakuläre Nummern weitergeführt und modern interpretiert hat, ist der New Yorker Illusionskünstler David Blaine – ebenfalls ein großes

Vorbild für mich. Auch in seinen Vorführungen spielt er häufig mit der Todesangst der Zuschauer. International bekannt wurde David Blaine 1999, als er sich für sieben Tage in einen gläsernen Sarg einschließen ließ – mitten in New York. Die vorbeiziehenden Passanten konnten Blaine Tag und Nacht durch den gläsernen Deckel betrachten.

Wie beklemmend muss es sein, in solch einem Gefängnis aus Glas zu liegen, wenn manch einem allein beim Anblick die Luft wegzubleiben droht! Zu sehen, wie ein Mensch lebendig begraben daliegt, kann tiefste existenzielle Ängste schüren – selbst wenn man weiß, dass es sich um Sensationskunst handelt. Und zugleich fasziniert solch eine Aktion die Zuschauer, da gibt es jemanden, der die Naturgesetze einfach umstößt, alles aufs Spiel setzt und zu gewinnen scheint.

Oder täuscht uns da jemand und führt uns an der Nase herum? Was ist die Wahrheit? Wer kennt sie? Wer macht sie? So losgelöst von allem, was uns sicher scheint, wird alles und nichts gleichermaßen möglich. Hierin liegt das große Geheimnis der Magie. Und Blaine ist ein Magier erster Güte. Er schuf immer neue Illusionen, die ihn im Angesicht des Todes zeigten.

Im Jahr 2000 ließ er sich am Times Square in einen sechs Tonnen schweren Eisblock einschließen, lediglich mit einer dünnen Schicht Vaseline auf der Haut als Kälteschutz. Über Schläuche wurde er mit Wasser und Sauerstoff versorgt, und an seiner Blase war ein Katheter angeschlossen.

Was geht in einem vor, wenn man über sechzig Stunden stehend in einem Eisblock verbringt? Spürt man die Kälte überhaupt noch? Was macht sie mit einem? Und wie hält man das durch? Blaines Selbstexperimente lassen die Zuschauer den Atem anhalten. Völlig verrückt muss so jemand sein! Oder nur gut vorbereitet? Jedenfalls riskierte Blaine wie auch schon der große Houdini immer mal wieder seine Gesundheit, um seinem Publikum solch ein Erlebnis zu vermitteln. Nach *Frozen in time,* wie er seine Aktion nannte, dauerte es immerhin Wochen, bis der sonst so durchtrainierte Blaine wieder ohne Probleme laufen konnte.

Ich selbst liebe es, bizarre Effekte hervorzubringen und schockierende Stunts zu inszenieren. Dabei darf dann auch schon mal Blut fließen oder der Puls rasen. Ein Leben als Magier kann eben auch ganz schön gefährlich sein!
Eine Schock-Nummer ist mir im Gedächtnis geblieben, ich habe sie fürs Fernsehen inszeniert. Es fing ganz harmlos an, indem ich in eine Sushi-Bar spazierte und mich neben zwei hübsche junge Mädels setzte. Sie willigten ein, mit mir ein Zauberkunststück zu machen, also ließ ich eine der beiden auf ihrer noch nicht bezahlten Rechnung unterschreiben. Das signierte Stück Papier zerriss ich anschließend in mehrere Teile.
Die beiden guckten skeptisch – so wahnsinnig magisch war das alles noch nicht! Also weiter: Ich faltete die einzelnen Papierfetzen der Rechnung so, dass ich sie jeweils in eine der Sushi-Rollen stecken konnte, die ich bestellt hatte. Die Mädels schauten ungläubig. Nacheinander aß ich die mit den Papierschnipseln gefüllten Sushi auf und trank danach einen ordentlichen Schluck Wasser, damit sie besser rutschten. Die jungen Frauen, die ihre Rechnung noch zum Bezahlen brauchten, sahen alles andere als entzückt oder gar verzaubert aus. Doch wie an die Rechnung wieder herankommen?
»Können Sie mir ein Messer geben?«, fragte ich den Japaner hinter der Theke.
»Ein Messer? Aber Vorsicht, ist scharf!«
O ja, Sushi-Messer sind sehr scharf, und es bedurfte nur eines einzigen gezielten Schnittes unterhalb der Brust, und schon rann mir das Blut über die Finger und den Oberkörper. In der Wunde

kam ein weißer Zipfel zum Vorschein, ich zog vorsichtig daran und hielt etwas später die Rechnung mit der Unterschrift in Händen. Eines der Mädchen bekam allerdings nicht die ganze Illusion mit, weil sie sich immer wieder angewidert hinter dem Rücken ihrer Freundin versteckte. Dass die Rechnung sogar wieder zusammengefügt war, nahmen die geschockten Mädchen nicht mal mehr wahr.

Blutrünstig ging es auch bei meiner Voodoo-Graffiti-Nummer zu. Dazu sprach ich eines Abends zwei Sprayer an der Berliner Mauer an. Ich bat einen der beiden, meine Silhouette an die Wand zu sprühen, und stellte mich dafür an der Mauer in Position. Danach erklärte ich den beiden Jungs, dass ich nun eine Verbindung zu meiner Silhouette aufnehmen würde. Ich stellte mich in etwas Entfernung mit dem Rücken zu dem gesprayten Körperumriss auf, färbte meine linke Handinnenfläche mit der Sprühfarbe rot ein und drückte sie noch farbfeucht auf meinen Bauch. Als ich zur Seite trat, sah man an der gleichen Stelle innerhalb der Silhouette auf der Mauer meinen roten Handabdruck. Die Verbindung von meinem Körper und meiner Silhouette war aufgenommen.

Jetzt bat ich den anderen Jungen, mit einem Schlüssel oder etwas Ähnlichem eine frei gewählte Stelle innerhalb der Silhouette an der Mauer zu markieren. Er zog ein Taschenmesser heraus und kratzte dort, wo sich in Wirklichkeit mein rechtes Auge befand, mit dem Messer über die Mauer. Er ritzte regelrecht in die Mauer. Ich ließ ihn zurücktreten und schloss die Augen. Im nächsten Moment rann eine dicke rote Träne aus meinem rechten Auge. Langsam öffnete ich die Augen wieder, und die blutroten Tränen flossen mir über die Wange.

Die Jungs waren völlig platt. »Krank. Das ist krank«, wiederholten sie immer wieder.

Auf die Spitze getrieben werden solche Effekte, wenn das Leben des Magiers wirklich in Gefahr ist, wie bei der Illusion *Kugelfang*. Meist wurde bei dieser Sensationsnummer mit zwei Pistolen operiert, einer geheimen, deren Patrone aus einem Gemisch aus Wachs und Quecksilber hergestellt war, und einer scharf geladenen. Der Magier fing also eine Kugelattrappe auf.

Bei der Vorführung dieser spannenden Nummer ist es tatsächlich immer mal wieder zu lebensbedrohlichen und sogar tödlichen Unfällen gekommen. Der Engländer Arnold Buck beispielsweise wurde bei der Nummer von der echten Kugel im Gesicht getroffen, die seine rechte Wange zerfetzte. Mindestens zwölf Illusionskünstler sind bei der Vorführung dieser spektakulären Zaubernummer ums Leben gekommen. Als besonders tragisch gilt der Tod von Chung Ling Soo im Jahr 1918 während eines Auftritts im ausverkauften Wood Green Empire Theatre in London. Die Polizei, die den Fall untersuchte, war sich bis zum Ende der Ermittlungsarbeit nicht gänzlich sicher, ob es wirklich ein Unfall gewesen war oder nicht doch Mord oder sogar Selbstmord. In letzterem Fall hätte es der Magier mit Absicht zur Verwechslung der Waffe kommen lassen. Eine gruselige Vorstellung, sich für seinen Selbstmord auch noch Publikum zu suchen!

Ich würde mich nie in Lebensgefahr begeben, nur um einen spektakulären Trick zeigen zu können. Aber natürlich muss ein bisschen Gefahr auch bei mir sein, deshalb habe ich den Kugelfang-Trick für meine Zwecke abgewandelt. In meiner Show *Inside Magic* ließ ich einen Besucher mit einem Paintballgeschoss auf mich schießen. Das ist auch für den, der abfeuert, kein leichtes Spiel. Aber diesen Nervenkitzel, den man vor dem Schuss im ganzen Saal verspürt, genieße ich regelrecht. Da kommt alle Energie zusammen, das ist eine ganz große Feier für mich.

»Schießen Sie jetzt auf mich!«, befahl ich dem Paintball-Schützen, den ich das Geschoss zuvor signieren ließ, damit man nicht denkt, ich würde es austauschen. Er zögerte, und ich wiederholte meine Aufforderung mit bestimmendem Ton. Das Publikum, zunächst noch amüsiert, wurde nervös. Dann feuerte er ab – und die signierte Kugel blitzte zwischen meinen Zähnen auf. Schrecken, Erleichterung, Verwirrung schüttelten das Publikum regelrecht durch.

Diese Nummer ist nicht die einzige, mit der ich meine Zuschauer für Sekunden in einen Zustand versetze, in dem sie jegliche Zweifel vergessen, weil sie von ihren Emotionen gepackt werden. Dann ist jeglicher Verstand ausgeschaltet und sie erleben nur noch.

Einer meiner Lieblingsstunts ist die Illusion mit Sido, die gleichzeitig der Höhepunkt meines *MTV Mystified Specials* sein sollte. Sido hatte ich vor gut sieben Jahren in Dortmund auf einer der angesagten Soulsuga-Partys kennengelernt. Damals habe ich ihn und seine Hip-Hop-Gang, die ständig um ihn herum war, mit einem Zauberkunststück ganz schön zum Lachen gebracht, weil ich einen Phantasiekobold über Sidos Arm und Schultern laufen ließ.

Wenige Jahre später, als ich für meine MTV-Show drehte, lud ich Sido zu einer besonders spannenden Folge als Special Guest ein. Jetzt wollte ich mit ihm mal etwas richtig Großes machen. Ohne Kobold, ohne Kaugummi und ohne kichernde Jungs im Hintergrund, stattdessen Adrenalin pur für uns beide.

Zur Vorbereitung übergab ich Sido erst einmal eine Videobotschaft. Ich konnte den Stunt mit ihm nur machen, wenn er unsere gemeinsame Sache ernst nahm, sonst hätte es für mich extrem gefährlich werden können. Also erklärte ich ihm in dem Video, was ich mit ihm vorhatte. Wir würden am nächsten Tag auf einer freien Strecke vier hohe weiße Kisten aufstellen, in einer der vier würde ich mich verbergen. Sido sollte allein durch die Kraft seiner Gedanken erahnen, wo ich mich versteckte, und die anderen Kisten nacheinander mit einem Geländewagen platt fahren.

Natürlich war Sido bei diesem aufregenden Stunt mit von der Partie! Er zeichnete auf die Kiste Nummer drei ein großes Strichmännchen. Dann stieg er in den Wagen und fuhr zum Start. Ich versuchte, mich in der Kiste abzulenken, als es draußen auch schon krachte. Sido hatte, wie verabredet, ordentlich Gas gegeben. Die erste Kiste war platt. Ich zum Glück nicht. Nur wenig später zerbarst Kiste zwei. Ich stand umgeben von dicker Pappe noch ganz lebendig da, etwas mulmig war mir aber schon. Sido durfte nicht, auch nicht zum Spaß, aus der Bahn scheren. Jetzt stand es fünfzig zu fünfzig. Der Motor des Wagens heulte erneut auf, Sido raste auf Kiste vier zu – die leere Pappe fetzte durch die Luft. Er stoppte den Wagen, eine unheimliche Stille lag in diesem Moment über dem Gelände. Er lief zu Kiste Nummer drei und befreite mich. Sichtlich erleichtert klatschten wir beide ab.

»Das war ja wirklich ein großes Ding!«, sagte Sido, als wir später über das Gelände schlenderten. »Aber, Alter, mach das nicht mehr mit meinem Herzen.«

KAPITEL DREI:
Der imaginäre Zauberkasten: Werkzeuge eines modernen Magiers

Die Magie ist wahrscheinlich so alt wie die Menschheit selbst. Man hat immer schon versucht, Ereignisse in seinem Leben zu beeinflussen und Wirkungen voller Wunder zu erreichen. Seitdem hat sich vieles verändert in der Welt der Magie, wir modernen Illusionskünstler können und müssen auf technische Vorrichtungen zurückgreifen, wenn wir unser Publikum begeistern wollen. Denn natürlich sind die Menschen heute skeptischer und viel weniger verführbar als in früheren Zeiten. Was dagegen in vielem gleich geblieben ist, sind die Fähigkeiten, die ein Magier mitbringen beziehungsweise die er sich anlernen muss, wenn er Illusionen schaffen will.

Auch dem Begriff »Magier« kann man frühe Wurzeln zuweisen. Er stammt aus dem Persischen und bezeichnete altiranische Priester, die mit Hilfe von Ritualen und Beschwörungsformeln übernatürliche Wesen, wie Engel und Dämonen, ansprachen. Die beschworenen »höheren Mächte« sollten Unglück von den Menschen abwehren, ihnen zusätzliche Kräfte verleihen und das Glück vermehren. Diese Priester waren aber nicht nur für den Glauben bzw. die Religion, sondern auch für das Wissen zuständig – darin sah man damals noch keinen Widerspruch.

Nicht nur die Priester der Ägypter, auch die der griechischen Antike etwa arbeiteten gleichzeitig als Ärzte, Naturforscher oder Philosophen. Sie waren richtig erfinderisch und konstruierten Apparate, die ihnen halfen, das Volk von der Macht der Götter und natürlich auch von ihrer eigenen Größe zu überzeugen: Wie von selbst öffneten sich die Tempeltore, und Wein floss wie von Geisterhand aus einem Gefäß in den Händen einer Statue.

Astronomische Kenntnisse mögen den Priestermagiern geholfen haben, geheime Fensterschlitze in ihre dem Sonnengott geweihten Tempel einzubauen, durch welche dann die Sonne zu einer bestimmten Zeit auf eine bestimmte Stelle traf. Ich stelle mir vor, wie der Priester auf die Gläubigen, zu denen er mit mächtigen Worten spricht, herabschaut, um dann mit einer großen Geste auf die Statue des Sonnengottes zu zeigen, der im nächsten Moment hell erstrahlt. Was für eine Show!

Die Magie, die Gutes im Schilde führt und die praktiziert wurde, um Kranke zu heilen oder eine reiche Ernte zu beschwören, wurde »weiße Magie« genannt. Parallel entwickelte sich auch eine »schwarze Magie«, die negative Ziele verfolgte und für Rivalen und Feinde Unheil, Unglück und Verderben vorsah. Als dritte Form der Magie gab es Zauberkünstler und Taschenspieler, die ihre Profession allein zur Unterhaltung und zur eigenen Existenzsicherung betrieben.

Wir Magier waren und sind eine recht illustre Spezies; die meisten Profis befassen sich intensiv mit Psychologie, manche kennen sich sehr gut mit Physik und Chemie aus oder sind vertraut mit mathematischen Formeln. Fast alle guten Magier sind Tüftler und konstruieren neue Apparate, die sie für ihre Kunststücke benötigen. Ich selbst interessiere mich daneben auch sehr für neue Medien und versuche oft, ihre Möglichkeiten für die Zauberei zu nutzen. Das Beste ist, dass man als Illusionist nie auslernt; es gibt so viel zu entdecken, die Möglichkeiten für Tricks sind schier unerschöpflich.

Die Grundlagen sind dabei aber für alle gleich; viele haben als Kind mit ähnlichen Sachen angefangen und erst im Laufe der Zeit ihren eigenen Stil entwickelt. Zentral ist die Fingerfertigkeit, wenn man es in der Zauberei zu etwas bringen will. Wer zwei linke Hände hat, wird auch durch viel Übung keine Magie erschaffen können. Ein Magier muss zudem Talent haben – und Techniken kennen –, um andere Menschen in seinen Bann zu ziehen und ihre Aufmerksamkeit von dem einen ab- und zum anderen hinzulenken. Er agiert ähnlich wie ein Schauspieler; Gestik, Mimik und Sprache haben ihre ganz besondere Wirkung, über die wir Magier genau Bescheid wissen. Außerdem ist eine Illusion umso erfolgreicher, je effektvoller sie inszeniert ist und dargeboten wird, also ist ein gutes Gespür für eine passende Dramaturgie mehr als hilfreich. Und nicht zuletzt braucht man als Magier und Mentalist jede Menge Menschenkenntnis, um das Gegenüber richtig einzuschätzen.

Ich werde dir im Folgenden von der sonst geheimen Vorarbeit, heimlichen Handgriffen und geheimnisvollen Apparaten erzählen, von denen du als Zuschauer nicht mal etwas erahnen sollst. Warum tut er das?, fragst du dich jetzt sicher. Gibt es nicht diesen Ehrenkodex unter Zauberern, dass man Laien niemals einen Trick oder ein Kunststück verraten soll? Doch, schon, aber macht diese Vereinbarung in der heutigen Zeit noch Sinn? Wie bereits gesagt, jeder kann sich in Büchern und im Internet über alles Mögliche informieren, es gibt wahre Fangemeinden, die versuchen, Zaubertricks zu entschlüsseln. Viele stellen Filme ins Internet, in denen sie – mal mit mehr und mal mit weniger Know-how und Durchblick – die Tricks einer Illusion zu entlarven versuchen. Und nicht nur das: Auf Facebook und in anderen sozialen Netzwerken diskutieren die Leute auch darüber, wie gut oder schlecht ein Zauberkunststück war.

Diese Art des Umgangs mit der Magie entspricht unserem Zeitgeist: konsumieren und bewerten. Wenn ich Leute auf der Straße anspreche, um mit ihnen ein wenig Magie zu erleben, dann haben sie es oft eilig, sind gestresst und vor allem skeptisch, denn jeder weiß ja, dass es keine wahren Zauberer gibt. Aber wenn sie sich doch darauf einlassen, dann verwandelt sich etwas. Ich denke, gerade weil wir in einer scheinbar entzauberten Welt leben, in der jedem alles zugänglich ist und es so gut wie keine Tabus und Geheimnisse mehr gibt, ist die Magie ein seltener und unschätzbarer Ort geworden. Hier können wir uns noch Kindern gleich in einem großen Staunen selbst vergessen. Vorausgesetzt, der Magier versteht sein Handwerk und überzeugt!

Magische Hände, magische Griffe: Fingerfertigkeit

Tippe mit der Daumenspitze einer Hand jeweils nacheinander auf die restlichen Finger derselben Hand, also die Reihe vom Zeigefinger bis zum kleinen Finger durch und zurück. Simpel? Okay. Dann mach dieselbe Übung nun mit beiden Händen gleichzeitig. Immer noch keine Schwierigkeiten? Dann wechsle bei einer Hand doch mal die Richtung. Na, immer noch kein Problem?

Keine Sorge, du könntest dich trotzdem noch zum Fingerkünstler entwickeln, denn du musst diese Übung nur oft genug wiederholen, um sie mühelos zu schaffen. Die meisten Bewegungsabläufe nicht nur unserer Hände und Finger, die wir im Alltag benötigen, laufen wie von selbst ab. Unser Gehirn hat sie gespeichert, und allein, wenn wir an eine Tätigkeit denken, bereitet sich unser Gehirn darauf vor, das Programm abzuspulen.

Mit unseren Händen »begreifen« wir das Leben, nehmen über die Haut sinnlich wahr, was unsere Finger ertasten. Wie viele Handgriffe pro Tag führen deine Hände wie selbstverständlich aus? Wie hochspezialisiert die Greiffunktionen der menschlichen Hand sind, darüber denken wir in der Regel nicht nach. Und wusstest du, dass nur Menschen und Menschenaffen kleinste Dinge mit dem Pinzettengriff, also mit dem Zeigefinger und dem Daumen, aufnehmen können? Für diese evolutionäre Entwicklung brauchte es Millionen von Jahren.

Das feinmotorische Greifen und die Hand-Augen-Koordination müssen bei Zauberkünstlern besonders gut ausgebildet und trainiert sein. Aber das heißt nun nicht, dass man als Magier ständig Fingerübungen machen muss. Schaden tun sie natürlich auch nicht. Ich persönlich habe meine Fingerfertigkeit beim Training der Zauberkunststücke mit den verschiedenen Kunstgriffen geschult. Und auch heute mache ich keine besonderen Übungen, sondern trainiere einfach die neuen und alten Illusionen für meine Auftritte.

Im Folgenden werde ich dir ein paar kleinere Kunstgriffe zeigen, die meist große Wirkung erzielen – wenn man nicht gerade zwei linke Hände hat. Versuche es selbst einmal, denn nur so kannst du ein Gefühl dafür bekommen, wie anspruchsvoll manche Kunstgriffe sind.

Fangen wir mit einem leichten Fingerkunststück an, das auch in der wundervollen Eröffnungsszene von *Pretty Woman* zu sehen ist – zum Warmwerden bestens für Anfänger geeignet: Lasse eine Münze über deine Fingerrücken rollen.

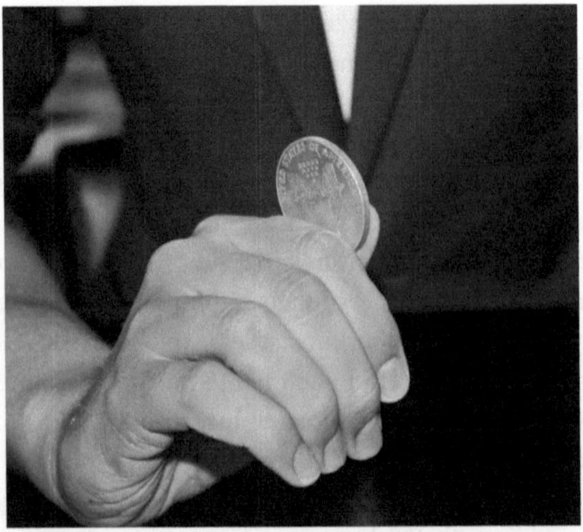

Nimm dir eine Münze, die für deine Finger eine angenehme Größe hat.

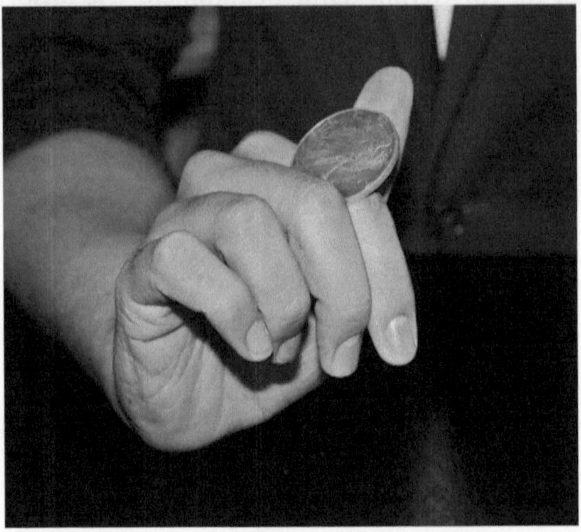

Lege die Münze locker auf deinen Zeigefinger, so dass der Mittelfinger die Rollbewegung gut ausführen kann.

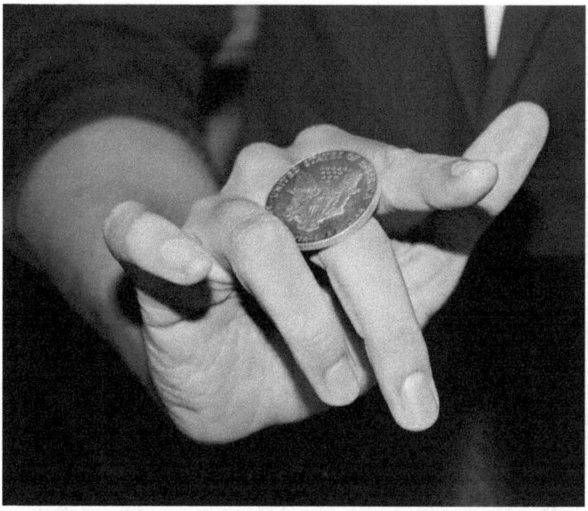

Nun kippst du die Münze mit deinem Mittelfinger um, so dass sie mit der anderen Seite auf deinem Mittelfinger landet. Ein Tipp: Bei diesem Trick bewegt sich niemals der Finger, auf dem die Münze gerade liegt, die Rollbewegung wird durch den jeweils nächsten Finger erzeugt.

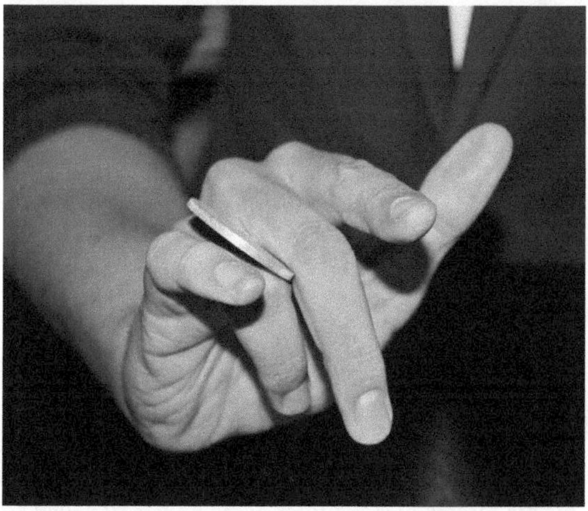

Wiederhole die Bewegung mit dem Ringfinger. Die Münze sollte zwischen Ring- und kleinem Finger landen.

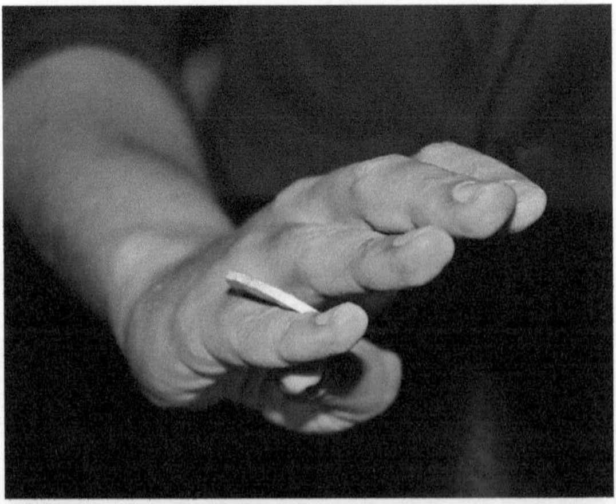

Hole die Münze nun mit dem Daumen wieder nach vorne. Am besten schiebst du die Münze einfach mit dem Daumen an der Unterseite der anderen Finger entlang.

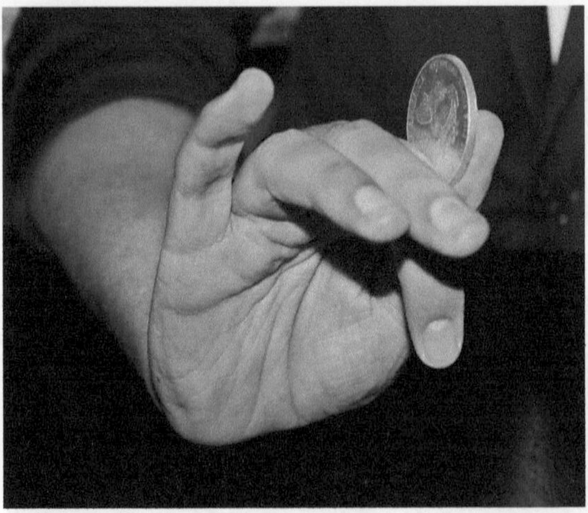

Das Spiel kann von neuem beginnen. Übe die Bewegungsabläufe so lange, bis die Münze fließend über deine Finger zu rollen scheint. Noch ein Tipp: Probiere den Trick erst mal über einem Sofa oder Bett aus, damit du dich nicht jedes Mal bücken musst, wenn sie herunterfällt!

Ich selbst habe schon als Kind meine Finger durch das Einstudieren der Kunststücke trainiert. Wieder und wieder übte ich zum Beispiel Scheinübergaben, weil diese in vielen Zauberkunststücken vorkommen – eine Scheinübergabe ist die scheinbare Übergabe eines Gegenstandes, man tut also nur so, als ob man etwas aus der Hand gibt, in Wirklichkeit bleibt es in der Hand. Für eins meiner ersten Zauberkunststücke, das Verschwinden und Wiedererscheinen einer Münze, stand ich stundenlang vor dem Spiegel, um eine Münze von der rechten in die linke Hand zu geben. Auf diese Weise konnte ich mir die Bewegungen genauestens einprägen. Denn bei einer Scheinübergabe muss der Zuschauer überzeugt sein, dass tatsächlich etwas übergeben wird.
Mein Kopf und meine Hände mussten im Detail verinnerlichen, was in jedem Moment der Übergabe zu tun ist und wie es sich anfühlt. Erst danach konnte ich beginnen, die Münze in der linken Hand zu behalten und die Übergabe vorzutäuschen. Die Hand, in der ich die Münze behielt, musste so locker wie möglich wirken, damit niemand Verdacht schöpft. Als die Fingertechnik schließlich stand, konnte ich den Ablauf der Scheinübergabe in das jeweilige Kunststück integrieren.

Auch die sogenannte Palmage, also das Verbergen eines Gegenstandes in der Hand – von lateinisch *palma manus* = Handinnenfläche –, ist ein wichtiger Grundgriff in der Zauberkunst. Und allein von diesem Griff gibt es über ein Dutzend verschiedene Möglichkeiten, ihn auszuführen.
Probiere selbst einmal aus, eine Münze scheinbar verschwinden und wieder erscheinen zu lassen, dabei musst du sie zwischenzeitlich in einer Hand palmieren.

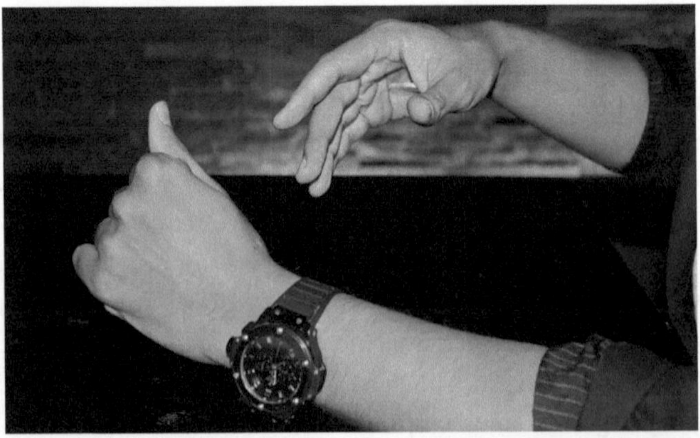

Übe zuerst das Palmieren: Lege ein möglichst großes Geldstück in die leicht gewölbte rechte Hand, so dass die Münze zwischen Daumenballen und Innenhandfläche gehalten wird. Achte auf eine unverkrampfte, entspannte Handhaltung, auch wenn du die Hand bewegst. Übe vor einem Spiegel. Wenn du den Handrücken siehst, muss es so aussehen, als wäre deine Hand leer. Wenn du das Palmieren beherrschst, bist du so weit, das folgende kleine Zauberkunststück zu trainieren.

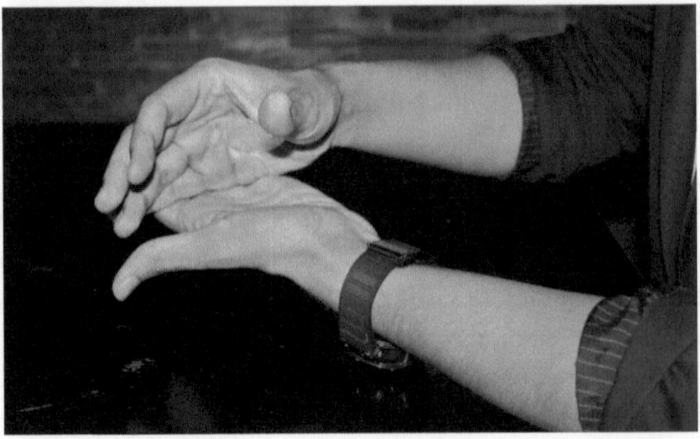

Palmiere das Geldstück in der rechten Hand und halte dann die linke Hand so darunter, dass die Fingerspitzen den Handrücken der rechten Hand berühren.

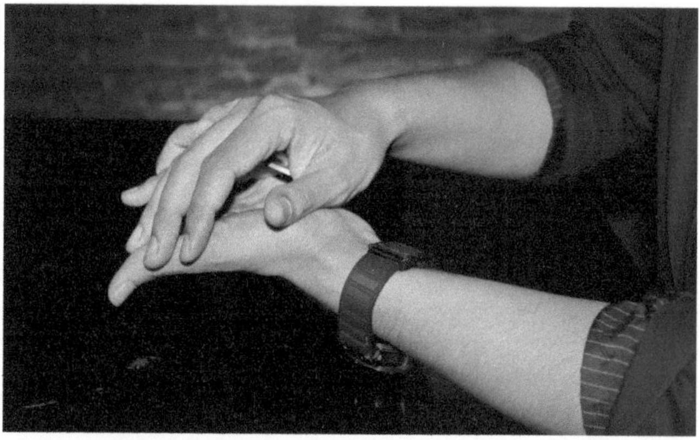

Drehe die Hände herum und lasse die Münze aus der rechten Hand scheinbar in die linke fallen, während du die Münze tatsächlich weiterhin in der rechten verborgen hältst.

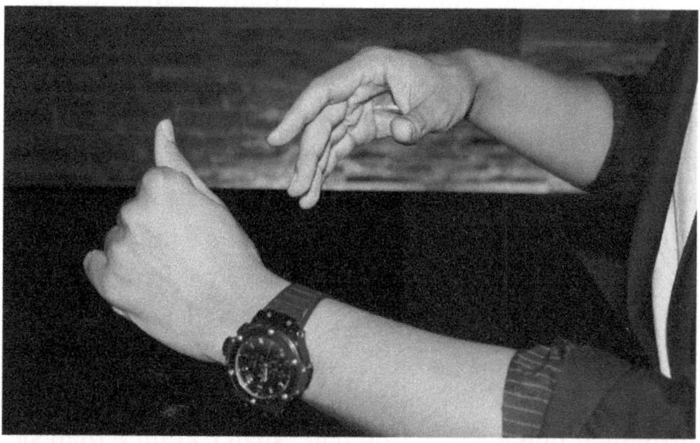

Die rechte Hand mit der palmierten Münze bleibt über der linken, wenn du die linke nach dem scheinbaren Münzfang zur Faust schließt. Tipp: Führst du das Kunststück vor, wirf die Münze zwei-, dreimal tatsächlich in die linke Hand und zurück, dadurch wird die anschließende Scheinübergabe noch weniger auffallen. Schließe die rechte Hand locker. Die Münze bleibt palmiert. Tippe nun in einer magischen Geste mit dem Zeigefinger der rechten Hand auf die geschlossene linke Hand.

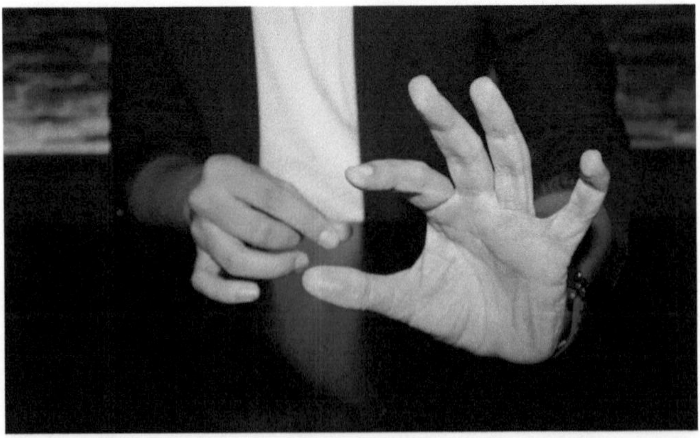

Öffne die linke Hand mit einer geheimnisvollen Bewegung und zeige, dass sie leer ist. Die Münze ist scheinbar verschwunden!

Zum Wiedererscheinenlassen der Münze greifst du mit der rechten Hand in deine Jacken- oder Hosentasche und täuschst vor, die Münze dort herauszuholen.

Eine für die Finger sehr anspruchsvolle Illusion, die unter dem Namen »Chicagoer Billardtrick« bekannt ist, habe ich als Jugendlicher in Wien nach Jochen Zmecks Handbuch einstudiert. Bei dieser Manipulation lässt man einen Ball in der Hand erscheinen und sich vermehren, so dass der Zuschauer am Ende vier Bälle in der Hand des Zauberkünstlers sieht. Der ideenreiche Buatier de Kolta entwickelte die Illusion mit drei Billardbällen und einer Halbschale, später konnte man sie bei einem Chicagoer Zauberpräparatehändler kaufen, daher der Name.

Ich wollte mir die Billardbälle und die Halbschale damals von meinem gesparten Taschengeld in der Zauberklingl kaufen, aber die Bälle waren zu groß für meine jugendlichen Finger. »Da musst du wohl selbst welche basteln«, sagte Maria, die

Verkäuferin. Problematisch könne es mit der Halbschale werden, fügte sie noch hinzu.
Wieder zu Hause, knüllte ich Papiertaschentücher zusammen und umklebte sie mit Tesafilm, bis sie sich fest anfühlten. Für die Halbschalen zerschnitt ich einen Spielzeugball unserer Katze in zwei Hälften, die ich ineinandergelegt verklebte und ebenfalls mit Tesafilm verstärkte. Die Bälle passten zwar optisch nicht zusammen, aber um die Technik einzustudieren und mir den Effekt vorzustellen, würde es erst einmal reichen. Außerdem bat ich meine Mutter, mir noch am selben Abend einen Stoffschlauch mit Gummizug als Ballhalter für zwei Bälle zu nähen, wie es Zmeck in seinem Buch beschrieb. Ich schrieb ihr die Maße auf und zeichnete eine Nähvorlage. Mit einer Sicherheitsnadel würde ich das Beutelchen in meinem linken Ärmel befestigen, um dann mit ein wenig Druck Ball für Ball herausgleiten zu lassen.
Am nächsten Morgen lag das Requisit aus schwarzem Stoff neben meinem Frühstücksteller. Jetzt übte ich jede freie Minute. Ich hatte in der Zwischenzeit auch Tischtennisbälle gekauft und rot bemalt, so dass die Bälle und die gebastelte Halbschale jetzt auch optisch zueinanderpassten. Bereits eine Woche nach meinem letzten Gespräch mit Maria schlug ich wieder in der Zauberklingl auf.
Es waren gerade keine Kunden im Laden, die Verkäuferin saß hinter dem Tresen und sortierte etwas, als ich ihr grinsend zunickte. Sie schaute mich über ihre dunkle Brille hinweg an und lachte. »Der Billardtrick? Das ist nicht dein Ernst, mein Junge! Andere üben monatelang …«
Ich zuckte nur leicht mit den Schultern und traf ohne ein weiteres Wort hinter einem Regal meine Vorbereitungen. Dann trat ich hervor und begann meine erste Vorführung der Billardkugelillusion – und zwar vor einer höchst kritischen Zuschauerin.

Die hohe Konzentration hinter einem Lächeln verborgen, ließ ich den ersten Ball zwischen Daumen und Zeigefinger der rechten Hand erscheinen; der Ball lag – für Maria hoffentlich nicht zu sehen – in der Halbschale. Während ich mit der Hand eine sanfte Bewegung machte, drehte ich den Ball mit dem Mittelfinger so aus der Schale, dass es für Maria aussehen musste, als würde aus dem Nichts ein zweiter Ball erscheinen.
Maria kannte das Kunststück bestens, ob meine Vorführung ihrem Kennerblick genügte? Ihr düsterer Blick verriet mir nichts, sie hob lediglich ihre rechte Hand und legte einen Finger an die Lippen. Maria würde mir später die kleinste Ungenauigkeit detailliert vorhalten. Das war auch wichtig, um aus den Fehlern lernen zu können. Aber diesmal wollte ich alles auf Anhieb richtig machen. Diese Nummer lag meinen Fingern, beim Üben vor dem Spiegel hatte ich die wundersame Ballvermehrung von Tag zu Tag perfektionieren können.
Nun kam eine sehr sensible Stelle, denn ich musste die leere Halbschale in der rechten Hand mit einem Ball füllen, den ich, während der zweite Ball erschienen war, aus dem Geheimbeutel in meine linke Hand hatte gleiten lassen. Den dritten Ball noch verborgen in der Linken, bewegte ich diese auf die Rechte zu, scheinbar bloß, um die beiden bereits erschienenen Bälle demonstrativ zu präsentieren, dabei steckte ich den Ball gleich in die rechte Hand, wo er wenig später wie von Zauberhand auftauchte. Während dies geschah, konnte ich den letzten Ball aus dem Geheimbeutelchen in die linke Hand gleiten lassen.
Als ich wenig später alle vier Bälle zwischen den Fingern meiner rechten Hand präsentierte, platzte ich vor Neugierde. »Wie war es?«, fragte ich.
Maria verharrte hinter dem Tresen mit dem Zeigefinger an den Lippen. Ihr Blick hinter der dunklen Brille blieb düster. Dann zuckten ihre Mundwinkel leicht.

O nein, bitte kein vernichtendes Urteil, so schlimm konnte es doch wirklich nicht gewesen sein! »Sagen Sie schon, Frau Maria!«, rief ich.

»Du hast das Zeug zu einem wahren Zauberkünstler, Farid«, hörte ich Maria sagen, und mir wurde für eine Minisekunde schwindlig. »Mach etwas daraus«, sagte sie. »Du hast mehr als geschickte Hände.«

Ich war überglücklich. Marias Urteil bedeutete mir viel, und wenn sie ein Lob aussprach, dann war es wirklich eine Auszeichnung. Sie selbst beherrschte die meisten der gängigen Close-up-Nummern – also Zauberkunststücke, die nah vor einem kleineren Publikum vorgeführt werden. Schließlich testete sie alle Zauberpräparate, die in den Handel kamen, damit sie sie den Kunden empfehlen und erklären konnte. Außerdem war sie eine große Kennerin der Geschichte der Magie und hatte schon viele große Illusionisten live, manche sogar mehrmals, gesehen.

Ich führte den Chicagoer Billardtrick die nächsten Monate so oft wie möglich vor, meinen Eltern, ihren Angestellten, Reza, der fast schon wie ein älterer Bruder für mich war, sowieso, Freunden und Bekannten meiner Eltern und schließlich auch auf Familienfesten, für die ich engagiert wurde. Der Applaus war mir jedes Mal sicher, alle Griffe saßen, die Bewegungen dabei sahen geheimnisvoll und geschmeidig aus.

Noch heute kann ich keinen Ball in passender Größe, den ich irgendwo entdecke, liegen lassen. Es ist wie ein Zwang, dass ich ihn aufnehmen muss und mit ihm spiele, ihn verschwinden und erscheinen lasse.

Nicht nur die Arbeit mit Bällen, auch das Umgehen mit Spielkarten erfordert höchste Fingerfertigkeit. Selbstverständlich muss ein Kartenkünstler eine oder mehrere Spielkarten unbemerkt palmieren können. Doch nicht nur bei den Tricks und Kniffen ist Geschick gefragt. Auch das Mischen sollte kunstvoll in eine Nummer eingeflochten werden können, vielleicht auch nur, um die Aufmerksamkeit des Publikums abzulenken. Besonderen Eindruck macht zum Beispiel das Sprudeln der Spielkarten von einer in die andere Hand, das du mit etwas Übung schnell erlernen kannst. Du benötigst lediglich ein ganz normales Kartenspiel.

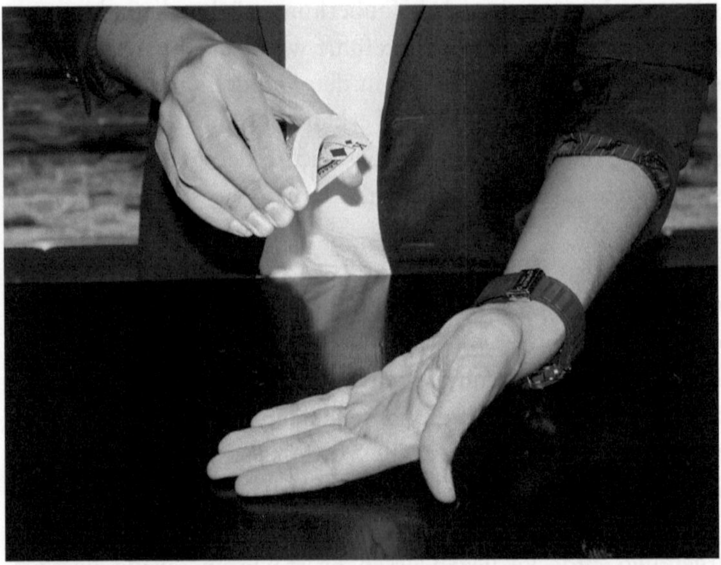

Halte das Kartenspiel mit der rechten Hand wie auf dem Bild. Die Karten werden leicht nach unten durchgedrückt, so dass sich die schmalen Seiten vor Spannung nach oben wölben.

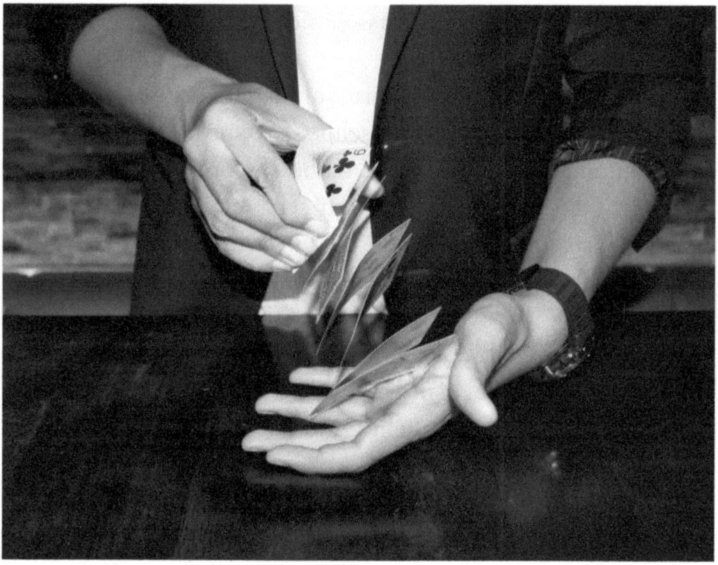

Biege die Karten noch etwas stärker durch, und sie werden automatisch einzeln nach unten gleiten. Übe so lange, bis du dich damit sicher fühlst – wie immer am besten über einem Tisch!

Jetzt kannst du den nächsten Schritt dazunehmen und das Auffangen der Spielkarten mit der linken Hand üben, die du möglichst locker hältst. Lass die Karten zunächst dicht über der linken Hand abgleiten. Versuche den Abstand erst zu vergrößern, wenn du dich sicher fühlst. Wenn du das einfache Kartensprudeln beherrschst, kannst du die rechte Hand beim Sprudeln auch auf und ab bewegen, so dass ein besonderer Effekt wie bei einer Ziehharmonika entsteht.

»Willst du dir nicht deine Hände versichern lassen«, fragte mich kürzlich ein befreundeter Musiker, der selbst gerade »eine Unfallversicherung mit erhöhter Gliedertaxe«, wie er ausführte, abgeschlossen hatte. Als Pianist und Keyboarder wollte er sich für den Fall schützen, dass er sich beim Heimwerkern die Hände ruinierte.

Ich hörte ihm höflich zu, erklärte ihm dann aber, dass ich solch eine Versicherung niemals abschließen würde, gerade um so einen Unfall gar nicht erst heraufzubeschwören. Ich selbst hätte die Sorge, dass ich mich dann zu sehr auf die mögliche Katastrophe besinnen würde und die unerwünschte Situation dadurch gerade anziehen würde. Wie eine sich selbst erfüllende Prophezeiung. Ich denke immer positiv, und wenn ich solch eine Versicherung abschließen würde, dann würde ich auch beginnen, negativ zu denken.

Ein Illusionist wie ich braucht gesunde Hände und bewegliche Finger. Keine Frage! Ein Zauberkollege, einer der wenigen, mit denen ich auch befreundet bin, hatte in seinem Türkeiurlaub Volleyball gespielt und erlitt eine böse Verletzung: Bei einem ungeschickten Annehmen des Balles war ihm ein Teil seines Mittelfingerknochens abgesplittert. Der Mittelfinger der rechten Hand war kurze Zeit später bereits angeschwollen, und er konnte ihn nicht mehr beugen. Der Finger blieb auch nach der Behandlung beinahe gänzlich steif, was die Präsentation mancher Kunststücke unmöglich machte. Seit dieser Geschichte passe ich beim Basketballspielen oder wenn ich etwas bastle oder repariere, besonders gut auf, um nichts zu riskieren.

Misdirection – die große Kunst der Ablenkung

Du siehst die Welt um dich herum, du erlebst sie mit Hilfe deiner Sinnesorgane. Aber was du tatsächlich wahrnimmst, bestimmt dein Gehirn! Bilder, Geräusche, Geschmäcke, Gerüche, Empfindungen auf deiner Haut, all diese Sinneswahrnehmungen sind zunächst nur Wellen und Moleküle, die im Gehirn erst zu dem umgewandelt werden, als was du sie wahrnimmst: Reize wie Licht, Schall oder Druck werden zu Empfindungen wie Sehen, Hören, Fühlen.

Du kannst dir das Gehirn wie eine große Schaltzentrale vorstellen, in der Unmengen an Informationen zusammenlaufen. Doch nur ein minimaler Bruchteil der Informationen, die das Gehirn erreichen, gelangt in unser Bewusstsein. Nicht nur, was es für unwichtig hält, sondern auch das, was es als bekannt einordnet, blendet das Gehirn aus.

Und das macht Sinn. Denn wenn wir uns ständig auf das, was wir tun, obwohl wir es schon x-mal getan haben, konzentrieren müssten, kämen wir zu nichts Neuem. Stell dir vor, du ständest morgens auf und müsstest dich auf jeden einzelnen Schritt und Handgriff konzentrieren, den Weg vom Bett in die Küche, das Zubereiten des Kaffees, den Weg ins Badezimmer, das Aufdrehen des Wasserhahns, das Waschen und Anziehen, das Frühstücken ... Dann könntest du nicht parallel Radio hören, dich unterhalten, Zeitung lesen, die erste SMS tippen, eine Notiz machen ...

In unserem Unbewussten sind all diese vertrauten Handlungen abgespeichert, und wir können sie jederzeit wie im Schlaf abspulen lassen. Somit ist Raum frei für die neuesten Nachrichten, eine spontane Unterhaltung, das Schreiben des Einkaufszettels und, und, und. Das Gehirn koordiniert alle Aktivitäten des gesamten Körpers.

Obwohl bei weitem nicht alle Informationen aus der Umwelt das Bewusstsein erreichen, sind es noch immer viel zu viele. Das Bewusstsein braucht eine Kontrollinstanz, um sich im Dickicht der Informationen zurechtzufinden. Diese Kontrollinstanz ist die Aufmerksamkeit, die gleich einem Scheinwerfer bestimmte Dinge in der Welt »erhellt« und andere im Schatten zurücktreten lässt.

Deine Aufmerksamkeit bringt dich dazu, etwas aus den vielen

Sinneseindrücken bewusst auszuwählen und es verstärkt wahrzunehmen. In diesem Moment sind alle Sinne auf die ausgewählte Sache konzentriert. Und in dem Moment, wo etwas deine Aufmerksamkeit erregt, wird alles andere, was die Aufmerksamkeit ablenken könnte, ausgeblendet. Mit Hilfe der sogenannten selektiven Aufmerksamkeit können wir alle anderen Reize unterdrücken. Und diese Fähigkeit des Menschen nutzen Magier wie ich, indem wir die Aufmerksamkeit unseres Publikums lenken: zu etwas hinlenken, um zugleich von etwas anderem abzulenken. Im Englischen wird dies *Misdirection* genannt, es ist eine Art Irreführung der Aufmerksamkeit. Im Deutschen sprechen wir von der Ablenkung, was der Sache im Grunde nicht gänzlich gerecht wird.

Bevor ich dir die Kunst der »magischen« Ablenkung näherbringe, möchte ich dir aber ein witziges Experiment vorstellen, das die US-Psychologen Dan Simons und Chris Chabris erstmals 1999 durchführten. Testpersonen wurde ein Video gezeigt, auf dem sie zwei Teams sahen, die sich einen Basketball zupassten. Das eine Team trug weiße, das andere schwarze T-Shirts. Die Testpersonen vor dem Video sollten nun die Pässe des in Weiß gekleideten Teams zählen. Am Ende des Videos lief eine in dunklem Gorilla-Kostüm verkleidete Person mitten durch die Spieler über das Spielfeld. Doch obwohl der »Gorilla« in der Mitte des Spielfeldes sogar noch kurz stehen blieb und sich mit den Fäusten auf die Brust trommelte, hatte keine der Testpersonen dieses auffällige Intermezzo bemerkt.

Das Experiment »Gorillas in unserer Mitte« veranschaulicht die sogenannte Unaufmerksamkeitsblindheit: Man nimmt etwas nicht wahr, das eigentlich gar nicht zu übersehen ist. Es ist sogar so, je stärker man seine Aufmerksamkeit auf eine Sache konzentriert, desto unwahrscheinlicher ist es, dass man mitbekommt, was sonst noch passiert.

Genau diesen Umstand nutze ich als Magier, wenn ich dir vortäusche, dass vor deinen Augen ein »Zauber« passiert. Denn ich lenke deine Aufmerksamkeit auf ein Geschehen, das du möglichst intensiv beobachten sollst, um an anderer Stelle unbeobachtet das zu tun, was den eigentlichen magischen Effekt bewirkt.

Wenn ich auf der Bühne stehe und meinen Blick auf etwas richte, ihm scheinbar besondere Bedeutung zukommen lasse, folgen mir die Blicke der Zuschauer unwillkürlich. Dies ist die einfachste Form, Aufmerksamkeit zu lenken, um unbeobachtet etwas ganz anderes tun zu können. Mal konkret: Am 1. April 2009 war ich bei Stefan Raab bei *TV Total* zu Gast. Ich überlegte mir einen guten Aprilscherz, denn ich wollte ihn vor laufender Kamera mal so richtig an der Nase herumführen und etwas tun, das man eigentlich gar nicht übersehen konnte – das er und die Zuschauer aber tatsächlich nicht wahrnehmen würden.

Indem ich Stefans Aufmerksamkeit auf ein Post-it, einen Edding und eine Polaroidkamera lenkte und weil ich Stefan mit dem Edding etwas auf das Post-it malen ließ – er zeichnete einen gefährlichen Nasenbär –, hatte ich mir meinen geheimen Raum für die eigentlichen Illusionen, die ich zeigen wollte, eröffnet.

Das bemalte Post-it haftete ich mir in die Hand, und Stefan knipste ein Polaroid von mir mit dem Bild in der Hand. Zum Beweis sollte das Publikum im Hintergrund auf dem Foto zu sehen sein, weshalb wir die Sofaecke kurz verließen. Während wir warteten, dass sich das Bild entwickelte, machte ich scheinbar einen Kartentrick mit ihm; aber der Trick sollte gar nicht funktionieren, weil es eigentlich um ganz andere Effekte ging, von denen ich Stefan und alle anderen aber schon die ganze Zeit über ablenkte. Doch um diese heimlichen Effekte zu erkennen, brauchte ich das Foto.

Am Ende bat ich Stefan, mich mit dem Polaroid zu vergleichen.

Er war völlig perplex, denn an mir hatte sich in der Zwischenzeit, ohne dass es jemand bemerkt hätte, so einiges verändert! Statt des schwarzen T-Shirts auf dem Foto trug ich jetzt ein weißes. Meine Ohrringe und mein Fingerring waren komplett verschwunden. Wie das?

Ganz einfach, mit Hilfe von Ablenkung: Während ich nach dem Fotoschießen zum Sofa zurückmarschierte, wechselte ich unbemerkt mein T-Shirt. Niemand hatte das mitbekommen, denn alle waren auf das Polaroid konzentriert, so dass ihnen der wesentliche Effekt entging.

Doch noch etwas hatte ich genutzt: Durch die große Bewegung des Gehens durch den Raum hatte ich Deckung für die kleinere Bewegung des T-Shirt-Wechsels. Denn das ist auch eine Regel: Eine große Bewegung deckt eine kleinere, also sie lenkt von der kleineren ab. Um diesen Weg für die große Bewegung des Gehens überhaupt zu haben, hatte ich den Vorwand, dass das Publikum auf dem Bild auch zu sehen sein sollte, angebracht. Somit war es niemandem seltsam vorgekommen, dass wir uns durch das Studio bewegten. Das ist bei der Kunst der Ablenkung wichtig, jede Handlung, jede Geste muss dem Zuschauer plausibel sein, sonst wundert er sich, und seine Aufmerksamkeit geht flöten, wendet sich den falschen Momenten zu und lüftet womöglich noch das Geheimnis.

Als Stefan und ich wieder in der fahrbaren Sitzecke Platz genommen hatten, lenkte ich seinen Blick und den der Kamera nochmals auf das Foto, mit den Worten: »Wir müssen ein bisschen warten.« Denn das Bild entwickelte sich ja erst. Somit wusste ich, dass sich die Fernsehkamera von mir abwenden und das Foto zeigen würde. In diesem Moment nahm ich unbemerkt meinen linken Ohrring ab. Als ich kurz darauf ein Kartenspiel aus der Jackentasche herausholte, ließ ich den Ohrring in selbiger zurück.

»Machen wir erst mal mit den Spielkarten weiter«, sagte ich. Ich bat Stefan, die Karten zu mischen, und lenkte die Kamera an dieser Stelle auf Stefan und seine ungeschickten Hände. Wenn man es weiß, sieht man in der Aufzeichnung an der Stelle, wie ich in Position gehe, um mir meinen Ring abzustreifen.
»Ich werde mich umdrehen, und du merkst dir irgendeine Karte daraus«, wies ich Stefan an. Dabei wandte ich mich mit dem abgenommenen Fingerring in der rechten Hand so um, dass ich genau an meinen rechten Schuh kam, um den Ring einhändig in den Schnürsenkeln einzubinden. Die Blicke der Zuschauer und die Kamera waren auf Stefan gerichtet.
Nun brauchte ich noch eine starke Ablenkung, um die beiden Ohrringe – in der Zwischenzeit hatte ich auch den linken unbemerkt abgenommen und den rechten aus der Jackentasche geholt – im Blumenkasten an Stefans Tisch verschwinden zu lassen. Hierzu musste ich die erwartete Auflösung des Kartentricks nur hinauszögern, um die Spannung zu steigern. Ich stellte das Publikum und Raab vor die Frage, wo genau sich Stefans ausgewählte Karte befand – links oder rechts? Und genau damit zog ich die Auflösung in die Länge. Ich wusste, dass die Regie nun ein Problem hatte, da sie nicht wissen konnten, ob die Karte links oder rechts aufgedeckt würde – und es gleichzeitig auch noch das Foto gab, das Stefan nicht aus den Augen lassen sollte. Also spekulierte ich darauf, dass Stefans Team den Kamerakran einsetzte – in genau diesem Moment stand ich auf – für den TV-Zuschauer nicht im Bild zu sehen –, scheinbar um selbst besser sehen zu können, und schnippte die Ohrringe in den Blumenkasten. Voilà.
Weder Stefan noch die Zuschauer im Studio noch die Regie hatten diese getarnte Aktion wahrgenommen. Sie waren alle perfekt abgelenkt gewesen.

Uns Magiern kommt es zugute, dass alle menschlichen Sinne für Täuschungen sehr empfänglich sind: Wenn du zum Beispiel in sehr helles Licht geschaut hast, siehst du danach noch eine ganze Weile das helle Licht, auch wenn es längst ausgeschaltet ist. Dieses biologische Phänomen können wir Magier nutzen, um in diesen Sekunden, die du noch wie geblendet bist, etwas zu tun, was du nicht sehen sollst, um geheime Manöver zu kaschieren.

Ich spiele oft mit diesem Phänomen, zum Beispiel wenn mich jemand in einem eher dunklen Raum um ein Foto bittet. Stehen wir nah an der Kamera, so weiß ich, dass ich direkt nach dem Blitzlicht einen Moment für eine geheime Bewegung habe. Habe ich etwa ein Getränk in der Hand, mache ich zuvor darauf aufmerksam, indem ich sage: »Ist es schlimm, wenn das Glas mit drauf ist? Oder muss ich es verschwinden lassen?« Mit dieser rhetorischen Frage habe ich einen Lacher sicher – denn wenn ich das Wort »muss« benutze, traut sich niemand, darauf zu bestehen. Sollte dies doch einmal passieren, so würde ich vielleicht diese Antwort geben: »Okay, das machen wir nach dem Foto.«

Aber zurück zur Sache: Das Getränk wurde also wahrgenommen. Sobald das Blitzlicht jetzt aufzuckt, stelle ich, falls ein Tisch oder ein Tresen vorhanden ist, das Glas heimlich und mit einer sehr schnellen und gezielten Bewegung hinter der Person ab – oder stecke es in eine meiner hinteren Hosentaschen.

Ein Tipp, falls du das mal nachmachen möchtest: Das Glas sollte nicht so voll sein, und du solltest den Trick vorher ein paarmal geübt haben. Und lass dich nicht anrempeln …

Direkt nach dem Schnappschuss sage ich dann zum Beispiel: »Hey, er hat die Getränke weggeblitzt«, oder ich frage, ob jemand mein Getränk gesehen hat. Sollte ich nichts in den Händen haben, versuche ich, etwas erscheinen zu lassen, oder lasse noch etwas verschwinden, etwa eine Brille, die aus einer Jacketttasche hervorlugt, oder einen Kugelschreiber aus der Hemdtasche. Diesen Gegenstand stecke ich dann heimlich ein und gebe ihn als Souvenir zurück, wenn ich mich verabschiede.

Wo wir gerade beim Entwenden sind: Auch den Tastsinn kann man manipulieren. Wenn ich dir zum Beispiel in meiner Show eine Uhr entwenden möchte, natürlich ohne dass du es mitbekommst, dann muss ich die Uhr an deinem Handgelenk bloß fest andrücken. Du spürst diesen Druck auch noch, wenn ich ihn gar nicht mehr ausübe. Während ich deine Aufmerksamkeit zu etwas anderem hinlenke, sagen wir einem Schmuckstück, das du um den Hals trägst, öffne ich mit geschickten Griffen den Verschluss deiner Uhr. Du kannst sicher sein, dass du es nicht bemerken wirst, weil du immer noch meinst, den Druck der Uhr auf deiner Haut zu spüren, obwohl diese sich längst auf dem Weg in deine Jackentasche befindet.
Es gibt sehr viele Möglichkeiten, die Sinne zu täuschen. Mit Hilfe des einen Sinns kann ich auch einen anderen Sinn täuschen. Der Tastsinn und der Gleichgewichtssinn etwa sind stärker als das Visuelle, das wiederum den Hörsinn dominiert. Deshalb funktioniert es auch immer wieder, wenn Trickdiebe ihr Opfer anrempeln, bevor sie ihnen in die Handtasche greifen, um die Geldbörse zu entwenden. Wird man angerempelt, ist man damit beschäftigt, das Gleichgewicht wiederherzustellen – und lässt es beinahe gleichgültig zu, dass sich derjenige oder ein Komplize ganz nah an unserer Seite befindet. Er braucht nur wenige Sekunden und ist auch schon verschwunden, wenn wir gerade erst wieder fest mit beiden Beinen auf dem Boden stehen.

Es gibt noch einiges, was man als Magier wissen sollte. Zum Beispiel funktionieren Kunststücke besser, wenn man mit der

Hand geschwungene Bewegungen macht statt gerade, direkte. Denn der Blick folgt in der Regel einer geschwungenen Bewegung aufmerksam und lässt sich durch sie daher wunderbar ablenken; bei einer linearen Bewegung nimmt der Blick des Zuschauers das Ende vorweg, und die Aufmerksamkeit lässt nach, wodurch die Gefahr besteht, dass der Trick durchschaut wird. Offene Ablenkung, etwa der Knalleffekt, während eine Blume hervorgezaubert wird, ist eine veraltete Form. Wie du dir sicher schon denken kannst, arbeite ich vorrangig mit verdeckter Ablenkung, die psychologisch vorgeht und zu meinem moderneren Stil besser passt. Pyro-Effekte, etwa der laute Knall beim Erscheinen eines Fahrzeugs, unterstreichen bei mir höchstens einen Trick und werten die Show auf, ähnlich wie bei einem Rockkonzert, aber sie dienen nicht der Ablenkung.

Ein sehr wichtiges Mittel der Ablenkung ist die Rhetorik – die Kunst, mit Hilfe der Rede einen Menschen von einer Aussage zu überzeugen oder ihn zu einer Handlung zu bewegen. Wenn alles andere versagt hat und ich keine andere Möglichkeit mehr habe, um von etwas abzulenken bzw. die Blicke von etwas abzulenken, dann helfe ich mir rhetorisch aus der Patsche.

Beispiel: Ich zeige einem jungen Mann aus dem Publikum, nennen wir ihn Marc, auf der Bühne gerade ein Zauberkunststück. Auf einem Tisch vor uns liegt ein Gegenstand, den ich verschwinden lassen möchte. Dazu muss Marc aber aufhören, diesen Gegenstand mit Blicken zu fixieren. Er scheint ein sehr skeptischer Zuschauer zu sein. Jetzt sage ich in einem sehr bestimmten Ton, während ich ihm fest in die Augen schaue: »Marc …«

Und zack!, wendet sich sein Blick mir zu, und alle anderen Blicke im Zuschauerraum wenden sich Marc zu, und ich kann den Gegenstand in einem Geheimfach verschwinden lassen. Marc

konnte gar nicht anders, als mich anzusehen! 99 Prozent aller Menschen schauen einem beim Aussprechen ihres Namens direkt in die Augen. Probiere es aus!
In meiner Nailgun-Nummer, von der ich bereits berichtet habe, gab es auch einen bedeutsamen Redeanteil: Ich musste Mareile Höppner bestimmend und zugleich höflich durch die Illusion lotsen. Schließlich musste ich sie zweimal dazu bringen, eine Nailgun auf mich abzufeuern, von der sie selbst nicht sicher wusste, ob sie geladen war oder nicht. Sie musste mir also absolut vertrauen.
Als sie die erste Nagelpistole nahm, immerhin 25 Prozent Wahrscheinlichkeit, dass sie geladen war, wollte sie mir die Nagelpistole zum Abdrücken übergeben. Ich tat Folgendes:

- Ich ließ keine Möglichkeit zur Diskussion.
- Ich vermittelte: Das ist ein geplanter Ablauf. Sie soll schießen.
- Ich nahm ihr die Pistole nicht aus der Hand, sondern griff an der Pistole vorbei an ihr Handgelenk, um ihre Hand mit der Nailgun an meinen Körper zu führen.
- Ich hielt festen Blickkontakt.
- Ich redete in einem bestimmenden Tonfall und vermied es, Angst oder Unsicherheit auszustrahlen.
- Ich nutzte das Timing und überbrückte das Warten, bis die Spannungsmusik einsetzte, denn ab diesem Moment steigt die Hemmschwelle, das mentale Experiment abzubrechen.

Nach der Show sagte Mareile in einem Interview, sie hätte erst später begriffen, was vor sich gegangen sei, und könne nicht fassen, abgedrückt zu haben. Dies hätte sie nie für möglich gehalten.

Ein besonderes rhetorisches Mittel, das Ablenkung produziert, ist der Offbeat. Ich nutze diese Form der Ablenkung sehr häufig; zum einen liegt mir der Offbeat, zum anderen kann ich in diesen Momenten viel umsetzen. Der Offbeat ist eine bestimmte Phase einer Illusion, in der der Zuschauer gewissermaßen zur Ruhe kommt. Das kann nach einem gelungenen Effekt oder nach einem Witz, also einer rhetorischen Pointe sein.

Am besten, ich beschreibe es mal an einer Beispielillusion, nehmen wir das Verschwindenlassen einer Münze. Stell dir vor, du siehst mich in dieser Close-up-Nummer mit Münze, du sitzt also in guter Sichtnähe zu mir. Ich zeige dir die Münze mit einer magischen Geste, bevor ich sie in meiner Faust einschließe. »Meine Damen und Herren, bitte konzentrieren Sie sich, die Münze ist verschwunden!«, hörst du mich sagen. Und ohne die Hand zu öffnen, spreche ich nach einer kunstvollen Pause weiter: »Und ... jetzt! Jetzt ist sie wieder da!« Bei diesen Worten öffne ich die Faust erneut mit einer magischen Geste, und klar, da liegt die Münze sichtbar in meiner Hand.

Du guckst mich an und lachst, na gut, du schmunzelst vielleicht auch nur. Aber genau dieser Scherz endete mit einem Offbeat! Die natürliche Reaktion ist ein Lachen oder Schmunzeln mit Blickkontakt. In diesem Offbeat werfe ich die Münze manchmal unbemerkt in meine Hosentasche, tue aber weiterhin so, als wäre sie in meiner Hand. »Okay, okay, okay, ich zeig es noch mal: Ich konzentriere mich und ... Boooom, die Münze ist verschwunden.« Und tatsächlich, diesmal ist sie weg. Und du baff, weil du nicht mitbekommen hast, dass die Münze in meine Hosentasche gewandert ist.

Der Offbeat in der Magie ist der Moment, in dem der Zuschauer völlig entspannt ist und nicht mehr mit einer Überraschung rechnet. Und genau da trifft ihn der Effekt am härtesten!

Einmal hatte ich in einer Show einen Typen von der vorwitzigen Sorte, gleich in der ersten Reihe. Er rief mir laut zu: »Stiehl doch meine Uhr, wenn du so gut bist.« Ich konterte souverän: »Ach, wie schade, jetzt hast du alles kaputtgemacht«, und ging lachend auf ihn zu. »Genau das hatte ich gerade vorgehabt. Hm, jetzt klappt es natürlich nicht mehr.«

BOOM – abgelenkt! Die natürliche Reaktion auf eine schlagfertige Antwort ist ein Lachen, und dieser Scherz lenkte besser von der Uhr ab als alles andere. Dass er mir also eine super Vorlage geboten hatte, damit rechnete er nicht. Keiner der Zuschauer dachte daran, dass ich die Uhr jetzt noch stehlen würde. Das könnte doch auch gar nicht mehr funktionieren, jetzt, wo wir über die Uhr sprachen, alle Aufmerksamkeit auf ihr liegen würde. Falsch gedacht! Genau in diesem Moment war der beste Moment, um die Uhr des jungen Mannes zu stehlen. Mit der schlagfertigen Antwort kreierte ich den Offbeat.

Nun kümmerte ich mich um einen Vorwand, der ihn noch weiter ablenken und mir Nähe, also den nötigen Körperkontakt, verschaffen würde. Ich leitete einen Kartentrick ein und gab dem Zuschauer zwei Spielkarten. In jeder Hand hielt er nun eine Karte. Ich kündigte an, dass diese Karten in wenigen Sekunden durch mentale Magie die Plätze tauschen würden, und ergriff die beiden Handgelenke des Zuschauers. Ich stand zu seiner Linken, so dass meine rechte Hand auf sein linkes Handgelenk kam, meine linke Hand fasste nach seinem rechten Handgelenk. Ich schüttelte seine Hände leicht und zählte bis drei.

Die Zuschauer erwarteten den Effekt der Kartenwanderung, nachdem ich ausgezählt hatte – der Fokus richtete sich also auf die Spielkarten. In dieser Zeit arbeiteten die Finger meiner rechten Hand bereits emsig am Diebstahl der Uhr. Zuerst öffnete ich den Verschluss: Hierbei zogen Zeige- und Mittelfinger das eine Ende des Armbands aus der Lasche, um es in einer zweiten

Bewegung ruckartig nach hinten zu ziehen und somit den Pin aus dem Loch zu bekommen, dies merkte der Uhrenbesitzer nicht, weil ich seine Hände zur gleichen Zeit schüttelte. Die Uhr lag nun frei auf dem Handgelenk. Sobald ich zu Ende gezählt hatte, ließ ich die Handgelenke des Zuschauers in einer schnellen, aber immer noch natürlichen Bewegung los, damit er nachsehen konnte, ob der Effekt der Kartenwanderung stattgefunden hatte.

Niemandem war aufgefallen, dass sich die Uhr des Zuschauers nicht mehr an seinem Handgelenk befand. Der Aufmerksamkeitsfokus war auf die Karten gerichtet. Auch der junge Mann spürte das Fehlen der Uhr nicht und drehte die Karten herum, um nachzuschauen, welche Karte sich wo befand. Während er dies tat, band ich mir die Uhr hinter meinem Rücken mit wenigen Handgriffen selbst um. Die Enttäuschung, dass die Spielkarten ihren Platz nicht getauscht hatten, war nicht so groß wie die Überraschung, dass ich plötzlich seine Uhr trug!

Ein weiterer Offbeat und somit eine geniale Möglichkeit für eine daran anschließende Illusion bietet sich witzigerweise bei der Rückgabe eines Gegenstandes. Und mit meinem jungen vorwitzigen Showgast hatte ich natürlich große Lust, noch weitere Späße zu treiben. Ich bot ihm an, ihm die Uhr wieder anzulegen, zog das Armband aber nur durch die Lasche, ohne jedoch den Pin durch das Loch zu stoßen. Danach bewegte ich den linken Arm des jungen Mannes nach unten und lenkte ihn ab, indem ich ihn fragte, mit wem er denn in die Show gekommen sei. In diesem Moment nahm ich die Uhr erneut ab und steckte sie heimlich in meine Jackentasche.

Ich gab seiner hübschen Freundin die Hand, wünschte den beiden noch einen schönen Abend in der Show und ging mit den Worten »Und passen Sie gut auf Ihre Uhr auf!« wieder in Richtung Bühne. Der zweite Uhrenklau gefiel dem Publikum noch besser als der erste, nur der junge Mann war völlig irritiert und lachte wohl aus Unsicherheit mit. Im weiteren Verlauf der Show war er ganz brav und hat auch nicht mehr dazwischengerufen.

In meinen Shows gestalte ich einen großen Offbeat gern mit der Ankündigung der Pause. Sobald die Zuschauer das Wort »Pause« auch nur hören, entspannen sie sich und sind automatisch abgelenkt. Sie denken vielleicht: *Okay, die erste Hälfte war schon mal sehr gut.* Oder: *Ich muss zur Toilette / etwas trinken.* Oder: *Farid sieht unbeschreiblich gut aus.* Und genau in diesem Moment tausche ich mit meinem Kameramann Pierre, der irgendwo mitten im Publikum steht, den Platz, und er ist auf der Bühne am Mikrophon und ich mit der Kamera im Publikum. Und wenn ich blitzschnell sage, dann meine ich wirklich so schnell wie der Blitz, es ist ein heftiger Effekt. Die Leute sind manchmal richtig erschrocken.

Unvergessliche Illusionen durch Schauspielkunst und dramatische Struktur

Schauspieler wie Magier müssen eine andere Realität auf die Bühne bringen, die so glaubhaft ist, dass das Publikum sie nicht anzweifelt. Ein Schauspieler sollte die Rolle, die er spielt, daher so lebendig verkörpern, dass die Zuschauer überzeugt sind, er ist in diesem Moment diese gespielte Person.

Wie machen Schauspieler das? Filmschauspieler tun oft viel dafür, um ihre Rollen mit Leben zu füllen; statt sich Polster unter die Kleider zu stopfen, fressen sich manche regelrecht Kilos an, um die passende Figur zu haben. Charlize Theron hat für die Rolle einer aufgedunsenen Serienmörderin in dem Film *Monster* 13 Kilo zugenommen. Und der sonst muskulöse Rapper

50 Cent nahm 25 Kilo ab, um einen krebskranken Footballspieler zu mimen. Schauspieler machen das unter anderem, um ein authentisches Gefühl für den übergewichtigen oder mageren Körper ihrer Rollenfigur zu bekommen. Sie lassen sich die Haare abrasieren und gehen für Recherchezwecke sogar freiwillig ins Gefängnis.
Wenn man an Houdinis und Blaines Sensationsillusionen denkt, dann sind sie mit ihren Selbstexperimenten gar nicht so weit von den Schauspielern entfernt, die ihren Zuschauern ebenfalls extreme Gefühle vermitteln möchten. Und darum geht es in der Kunst der Magie: Es werden Emotionen vermittelt.
Damit eine Illusion gelingt, müssen Gefühle möglichst echt rüberkommen. Und da können wir Magier einiges von unseren Kollegen beim Film lernen. Zum einen müssen wir Magier uns in Menschen und Situationen einfühlen können, damit wir genau steuern können, dass eine Illusion den gewünschten Ausgang nimmt. Und natürlich braucht es auch eine gewisse Schauspielkunst, um in seiner Rolle als Magier zu überzeugen; dass die Zuschauer mitgehen und sich dem Erleben der Illusion hingeben. Dazu kommt, dass wir so schauspielern müssen, dass niemand unsere geheimen Handlungen mitbekommt. Mit Hilfe schauspielerischer Techniken kann ich die Kunst der Ablenkung noch perfektionieren. Und dabei gibt es verschiedene Aspekte.

Die Stimmung

Um auf der Bühne zu überzeugen, muss ich eine Stimmung schaffen, die die Illusion plausibel erscheinen lässt. Es ist ein Unterschied, ob ich Rasierklingen schlucke oder das Erscheinen eines Autos präsentiere. Dabei sind das passende Licht und das passende Bühnenarrangement äußerst wichtig. Kommen gedämpfte oder helle Scheinwerfer zum Einsatz? Weißes oder

buntes Licht, eine schwarze Stoffkulisse oder eine Gerüstkonstruktion im Hintergrund? Wird Rauch eingesetzt? Gibt es Klänge oder gar Musik?
Jedes Detail beeinflusst die Stimmung auf der Bühne und welche Erwartung sich im Zuschauer einstellt. Auch die Wahl meiner Worte und die Art, wie ich mit dem Publikum spreche, wie ich mich bewege und wo ich mich in welchem Moment befinde, schaffen die nötige Atmosphäre und schüren Erwartungen.

Schauspielerisch die Aufmerksamkeit des Zuschauers lenken: Ich muss sowohl die bewusste als auch die unbewusste Aufmerksamkeit des Zuschauers im Blick haben und manipulieren. Generell richtet man seine Aufmerksamkeit dorthin, wo man etwas von Interesse vermutet. Geht also ein Vorhang auf einer Bühne auf, wird sich der Zuschauer nicht umdrehen und zur hinteren Eingangstür des Saals schauen. Aber wenn ich aus Versehen eine Spielkarte fallen lasse, folgen die Zuschauerblicke der fallenden Karte, auch wenn das nicht von Interesse ist und ich im gleichen Moment vor meiner Brust eine bestimmte Karte präsentieren würde. In diesem Moment löst das unerwartete Fallen der Karte und die Bewegung, die diese verursacht, einen Wechsel der Aufmerksamkeit aus.
Das bedeutet, dass ich immer das ins Zentrum der Aufmerksamkeit der Zuschauer rücken muss, von dem ich möchte, dass sie es wahrnehmen. Und ich muss vermeiden, dass dieses gezielt geweckte Interesse durch irgendetwas anderes gestört wird.
Aber wie erreiche ich das? Ganz einfach. Es sollte immer möglichst eine Aktion nach der anderen passieren – es sei denn, ich möchte durch einen eröffneten Nebenschauplatz die Aufmerksamkeit kurzzeitig auf etwas anderes lenken.
Es ist wichtig, dass ich in jeder Sekunde selbst Interesse an der

Sache ausstrahle. Ein routinierter Magier, der seine Illusion zum hundertsten Mal vorführt, muss immer noch fähig sein, sich für seine eigene Nummer zu begeistern, um das Publikum mitzunehmen. Auch ein Theaterschauspieler muss jeden Abend neu in seine Rolle schlüpfen und sie mit Inbrunst spielen, als wäre es das erste Mal. Strahlt ein Schauspieler oder ein Magier Langeweile während seines Spiels aus, so wird auch diese Empfindung den Zuschauer erreichen und die Illusion stören.

Die einfachste Form, das Interesse für einen Gegenstand zu wecken, ist, darauf zu zeigen. Der Zauberstab war über Generationen von Magiern hinweg *das* Hilfsmittel, um die Aufmerksamkeit des Zuschauers zu lenken. Ich empfand schon als Jugendlicher das Hantieren mit einem Zauberstab als zu künstlich und theatralisch. Ich habe meine Arme, Hände, Finger, ich kann mit dem Kopf in eine Richtung deuten, wozu also dieses veraltete Requisit bemühen.

Bewegungen, Haltung, Gestik, Mimik

Ich selbst habe nie Schauspielunterricht genommen, weil es für mich nicht darauf ankommt, dass ich möglichst viele verschiedene Rollen verkörpern kann. Ich werfe aber sowohl im Theater als auch im Kino und zu Hause beim Filmgucken oft einen intensiven Blick auf die Arbeit der Schauspieler. Dabei achte ich sehr genau darauf, welche Bewegungen, Gesten sie in welchen Szenen machen und wie sie ihre Mimik einsetzen.

Um Lichtstimmungen, Orte oder Kunstwerke – eben alles, was inspirieren könnte – zu archivieren, mache ich meist Bilder oder notiere bzw. diktiere ins Handy. Sogar Notizzettel mit Stichworten fotografiere ich ab und sammle sie digital als Bilddatei. Dann probiere ich eine Stimmung an geeigneter Stelle aus, wenn ich sie in eine Illusion einbauen möchte.

Wenn mich zum Beispiel die Figuren in einer Filmszene besonders berührt haben, dann schaue ich mir jede Einstellung genau an. Wodurch vermitteln sie die Emotionen? Wie ist der Blick? Wie die Haltung des Körpers? Wie bewegt sich die Figur? Glaubhaft wird das Schauspielern dadurch, dass jede auch noch so kleine Bewegung und Geste motiviert ist und zum Inhalt der Szene passt. Und das gilt auch auf meiner Bühne. Jeder Handgriff, jeder Blick muss motiviert sein, natürlich abgesehen von den Bewegungen, die im Verborgenen, also abseits der Aufmerksamkeit der Zuschauer, passieren und gar nicht wahrgenommen werden sollen. Es muss nachvollziehbar sein, wieso ich eine sichtbare Bewegung mache. Unnötige Bewegungen sind unbedingt zu vermeiden, sie stören den Gesamteindruck empfindlich. Bewegungen sind auch hilfreich, um damit anderes zum Verschwinden zu bringen. Ein Faden, der zum Beispiel bei einer Variante der schwebenden Kugel eingesetzt wird, ist manchmal auch aus großer Entfernung noch zu sehen, selbst wenn der Faden die gleiche Farbe hat wie der Bühnenhintergrund. Wenn der Magier aber seine Arme bewegt, dann lenkt die Bewegung von dem Faden ab, und das heimliche Requisit ist für die Zuschauer nicht zu erkennen.

Deshalb ist es auch so wichtig, eine bewusste Körperhaltung zu haben. Wenn ich beispielsweise mit dem Kopf oder einer Hand in eine Richtung deute, in die ich die Aufmerksamkeit der Zuschauer lenken möchte, dann sollten meine Füße nicht in eine andere Richtung zeigen. Unser ganzer Körper verrät etwas über uns, und je harmonischer alles zusammenspielt, desto glaubwürdiger ist man.

Improvisationsfähigkeit

In einer Illusion, die vielleicht gerade mal drei Minuten dauert, kann ich nicht lange darauf hinarbeiten, dass eine Stimmung entsteht, ich muss sie durch kurzfristig verfügbare Mittel

oder gekonnte Technik im Moment erzeugen. Daher braucht es auch schauspielerische Improvisationsfähigkeit sowie rhetorische Schlagfertigkeit.
Dafür wiederum muss man hundertprozentig konzentriert sein, alle Antennen ausgefahren haben, ohne jedoch angespannt zu wirken. Alles muss leicht und locker aussehen, von einer auf die nächste Sekunde muss ich manchmal eine neue Richtung einschlagen, die Illusion auf einem anderen Weg produzieren, als ich es anfangs geplant habe. Dabei gibt es zwei Möglichkeiten, wie ich es vor dem Publikum präsentiere: In manchen Situationen ist es für den Verlauf der Illusion günstiger, wenn es so aussieht, als würde alles ablaufen wie geplant. Oftmals spiele ich aber auch gern mit dem ungewissen Fortgang einer Illusion, dann lasse ich das Publikum daran teilhaben, dass eine Illusion im Entstehen ist und, weil sie Teil davon sind, sie auch bis zu einem gewissen Grad mitbestimmen, wie die Nummer abläuft.
Einmal fragte mich der Veranstalter einer Gala-Show, ob diese neu sei, weil es so ausgesehen habe, als ob ich das meiste improvisiert hätte. Er sei das von Zaubershows, wie er sie kenne, gar nicht gewohnt.
Ich musste schmunzeln, denn genau das ist mein Ziel: Ich »spiele« meine Magie so, dass es improvisiert und spontan aussieht!

Als Magier bin ich Schauspieler, Entertainer, also Unterhaltungskünstler. Und weil du vielleicht noch nicht in einer Show von mir warst, beschreibe ich dir einmal, wie so ein Abend losgehen kann:
Im Zuschauerraum und auf der Bühne sind, während das Publikum seine Plätze einnimmt, meist viele Scheinwerfer an, es soll ja jeder problemlos zu seinem Platz finden. Bevor die Show beginnt, gehen die Lichter für einen Moment komplett aus, und in diesem Augenblick verändert sich die Stimmung im Saal. Wie

im Theater, wenn der Vorhang sich geräuschlos hebt, sind jetzt höchstens ein paar Huster, Geraschel und vereinzeltes Gemurmel zu hören. Dann erhellt sich eine große Leinwand, und ein kurzes Best-of meiner TV-Shows ist zu sehen. Die kurzen Filme und die Musik lockern das Publikum zum einen auf, aber sie schüren auch die Erwartung. Sie wollen, dass es richtig losgeht. Danach geht der Vorhang auf. Selbstbewusst, also mit aufrechter Haltung, trete ich vor das Publikum – meine 1,98 m Körpergröße tun ihr Übriges. Ich vermeide es allerdings, allzu sehr den Kopf zu heben, um nicht überheblich zu erscheinen. Den Zuschauern muss einerseits klar sein, dass das vorn auf der Bühne mein Bereich ist, aber sie sollen sich auch wohl mit mir fühlen. Um die Stimmung noch weiter aufzulockern, aber auch, um die Spannung noch zu steigern, mache ich zuerst einen Gag, etwa so: »Vielen herzlichen Dank, das waren 73 Effekte in 120 Sekunden, ich hoffe, es hat Ihnen gefallen, kommen Sie gut nach Hause, fahren Sie vorsichtig, tschüss bis zum nächsten Mal.« Dann drehe ich mich auf dem Absatz um und verlasse die Bühne. Nein, natürlich nicht.

Das Bühnenkostüm – in meinem Fall mein ganz persönlicher Magier-Look

Wenn ein Schauspieler in sein Kostüm steigt, verkleidet er sich bestenfalls nicht nur, sondern verwandelt sich auch schon Stück für Stück in die Figur, in den Charakter, den er spielt. Eine Uniform für einen Soldaten, ein verführerisches Kleid für die Geliebte – Kostüme machen sichtbar, was sonst womöglich verborgen ist: Charakter, Alter, Geschlecht, Milieu einer Bühnenrolle.

Auch in der Geschichte der Magie gab es immer wieder Magier, die in Kostümen auftraten. Okito, der in chinesischem Kostüm spielte, um so seinen Gehörverlust zu kaschieren, weil er in der

Rolle des Fremdländers nicht sprechen musste, habe ich schon erwähnt. Aber nicht nur solch eine deutliche Verkleidung zählt als Kostüm, auch der schwarze Frack oder der Smoking, ja selbst Straßenkleidung, die ein Magier trägt, sind ein theatrales Instrument.

Und so überlege auch ich ganz genau, was ich bei einer Show oder bei einem Videodreh trage. Womit falle ich auf – oder womit nehme ich mich zurück? Was passt zur Show, zur Illusion? Dabei versuche ich, mir aber immer meinen Stil zu bewahren. Für einen Auftritt bei einem Golfturnier wählte ich zum Beispiel ein weißes Hemd und weiße Sneaker zur blauen Jeans, bei der Nagelpistolen-Illusion war ich passend zur düsteren Stimmung in Schwarz gekleidet. Schwarze Kleidung eignet sich auch, um die Aufmerksamkeit nicht von der Kleidung ablenken zu lassen und sie auf das Gesicht und die Hände zu lenken. Bei der Bühnenshow ziehe ich mich nach der Pause um: Im ersten Teil trete ich eher elegant auf, passend zur Begrüßung und Showeröffnung, im zweiten Teil gibt es mehr Action und Bewegung, da trage ich lieber etwas Lockeres.

Auch privat interessiere ich mich sehr für Mode und freue mich, dass ich inzwischen sogar Kleidung gesponsert bekomme. Nike etwa erspart mir die stressige Schuhsuche – bei Größe 48,5 wirklich der Horror.

Ich persönlich trete nur höchst selten in Anzügen auf; wenn es der Anlass verlangt, muss der Anzug zu meinem sonstigen Stil passen. Aber eigentlich distanziere ich mich über meine Kleidung von dem Klischee, Zauberer würden immer schwarze Anzüge tragen. Ich würde auch nie einen Zylinder aufsetzen, geschweige denn ihn bei einer Nummer als Requisit einsetzen. Bei mir gibt es, wenn, dann Kappen als Kopfbedeckung, zaubern tue ich allerdings lieber mit den Kappen der Zuschauer.

Die Dramaturgie einer Illusion

Ein Theaterstück, ein Kinofilm, die Show eines Magiers, sie alle finden im Grunde nicht auf der Bühne oder auf der Leinwand statt, sondern im Kopf des Zuschauers. Wenn du ein Bühnenstück oder einen Film siehst, konstruierst du während des Sehens eine Geschichte, füllst die einzelnen Momente mit Sinn, indem du Zusammenhänge herstellst. Auch wenn du eine Magiervorstellung besuchst, erhältst du Stoff für deine Sinne und dein Denken. Und auch beim Betrachten einer Illusion wirst du versuchen, einen Sinn zu konstruieren. Wenn dies nicht gelingt und der Drang, herauszufinden, welche Finessen hinter der »Zauberei« stecken, nachlässt, stellt sich Freude über das »Wunderhafte« ein – und du lachst vielleicht sogar.

Damit dieses Kopfkino funktioniert, brauchen Illusionen eine durchdachte Dramaturgie. Und zu dieser finde ich persönlich immer über den gleichen Weg: Ich überlege mir vor jedem Kunststück, wie ein Effekt aussehen muss, damit er überzeugt. Das ist die wichtigste Frage für die weiteren Schritte. Wenn ich die beantwortet habe, dann finde ich heraus, wo der dramatische Höhepunkt bei der Illusion liegt und ob es einen Wendepunkt gibt. Gibt es witzige Elemente? Welche Rahmengeschichte oder Präsentation bietet sich an?

Bei all diesen Gedanken hilft es mir sehr, dass ich ein begeisterter Cineast bin. Ich schaue mir so viele Filme wie möglich an und kaufe ständig DVDs, damit ich besondere Szenen immer verfügbar habe. Wenn ich einen Film schaue, versuche ich instinktiv, bestimmte Plots, Handlungen, Kamerafahrten, Lichtstimmungen usw. zu deuten und zu interpretieren. Ich überlege, ob die Art der Darstellung, die Inszenierung sich auch für eine Illusion eignet, die ich gerade in Arbeit habe. Dann studiere ich den Filmausschnitt so lange, bis ich ein genaues Gespür für die

Gesamtdarstellung habe, und übertrage einzelne Momente oder mehrere in meine Bühnensprache: Kameraführung, Licht, Farben, Musik, Bewegung, Text ...

Und umgekehrt: Nicht selten fällt mir beim Erfinden einer neuen Illusion ein Element oder eine Szene eines Films ein, die mir hilft, an meiner eigenen Idee weiterzuarbeiten. Wie bei *Zurück in die Zukunft:* Ich habe mir x-mal angeschaut, wie der DeLorean, der Sportwagen, aus dem die Zeitmaschine von Dr. Emmett L. Brown gebaut wurde, erscheint und wieder verschwindet. Wenn man die Inszenierung analysiert, sieht man, dass der Wagen beim Erscheinen zum Beispiel in einem ganz bestimmten Winkel zur Kamera steht – dadurch ergibt sich auch der spektakuläre Effekt. Genauso lasse ich das Zuschauerauto in meiner Show erscheinen.

Es gibt noch diverse Filmszenen, die nur darauf warten, in einer Illusion von mir umgesetzt zu werden. Zum Beispiel die sensationelle Verfolgungsfahrt in *Bad Boys II,* die Michael Bay mit unglaublichem Aufwand drehte und für die er sogar extra eine Brücke bauen ließ. Michael Bay ist einer meiner Lieblingsregisseure.

Ich schaue mir Filmszenen so oft an, bis ich die Motivation eines Regisseurs verstanden habe, also warum er eine Szene genau so und nicht anders gedreht hat. Dabei fallen mir oft Fehler auf, etwa, dass ein Hemdknopf in der Einstellung geöffnet, in der nächsten aber geschlossen ist, ohne dass die Figur ihn berührt hat. Oder ein Handy liegt in einer neuen Perspektive plötzlich weiter rechts oder links auf einem Tisch.

Ich sehe Filme nun mal nicht, um abzuschalten, sondern um etwas mitzunehmen, Anregungen zu bekommen, die Regie zu verstehen, die Inszenierung, die Dramaturgie. Und bei dieser gesteigerten Aufmerksamkeit schaffe ich es nicht, mich von Nebengeräuschen abzulenken, sondern nehme sie alle mit wahr.

Deshalb stört es mich im Kino auch, dass so viele Leute Popcorn essen. Dieses ständige Geraschel in der Tüte – schrecklich!

In meiner aktuellen Bühnenshow zeige ich eine Illusion, die von dem US-amerikanischen Horrorfilm *Saw* aus dem Jahre 2004 inspiriert wurde – sowohl thematisch als auch dramaturgisch. Zuerst ein paar Worte zur Story und der Anfangsszene: Zwei Männer befinden sich in der Gewalt des psychopathischen Serienmörders Jigsaw. Als sie in einem heruntergekommenen Badezimmer zu sich kommen, sind sie angekettet, in der Mitte des Raums liegt ein Mann, blutüberströmt, der sich anscheinend erschossen hat. Die Erinnerung der beiden Männer kehrt erst nach und nach zurück, und der Zuschauer erfährt schließlich in Rückblenden, was passiert ist. Nach und nach bekommen die Männer auch eine Ahnung davon, wie sie ihr eigenes Leben vor dem drohenden Foltertod retten können: Sie müssen sich selbst oder eine andere Person mental oder körperlich verletzen.
So weit der Einblick in den Film, falls du ihn nicht kennst, um zu verstehen, wie ich ihn für die Erfindung einer eigenen Illusion genutzt habe. Aber nein, das stimmt nicht ganz, ich muss zuerst noch auf die Musik zu sprechen kommen, denn letztlich gab sie den Ausschlag, dass ich mich über mehrere Jahre hinweg immer wieder mit dem Film beschäftigte.
Die Titelmelodie von Charlie Clouser faszinierte mich bei jedem Hören aufs Neue. Ich habe das Stück *Hello Zepp* dann eine Zeitlang ständig aufgelegt, oft auch im Auto, und manchmal bin ich nachts einfach nur herumgefahren, um diese bedrohliche Stimmung in mich aufzunehmen und in mir arbeiten zu lassen. Denn ich wusste schon bald, dass ich irgendwann eine Illusion kreieren möchte, die eine ähnlich spannende und beängstigende Atmosphäre schafft, wie sie der Regisseur James Wan in *Saw* erzeugt hat.

Irgendwann stand die Illusion à la *Saw:* Mitten in meiner Show geht plötzlich das Licht aus – mein Mikrophon funktioniert nicht, und hinter meinem Rücken springt die große Leinwand an – zu sehen ist die unheimliche Puppe aus *Saw* –, die Titelmusik erklingt, und die Puppe dreht langsam ihren Kopf in die Kamera. Bereits jetzt halten sich viele Zuschauer die Augen zu! Nachdem ich mich überrascht zur Puppe umgedreht habe, beginnt sie mit verzerrter Stimme zu sprechen: »HALLO, FARID, DU KENNST MICH NICHT, ABER ICH KENNE DICH! LASS UNS EIN KLEINES SPIEL SPIELEN.« Die Puppe spricht weiter und erklärt mir, was sie in der letzten Nacht, während ich schlief, vorbereitet hat. Sie sagt, ich hätte eine Giftkapsel im Hals und müsse mich von ihr befreien, bevor sie sich auflöst. Das Bühnenbild verändert sich auf magische Weise, und plötzlich wird ein Tisch sichtbar, auf dem sich Rasierklingen befinden. Genau wie im Film kann auch ich mein Leben nur retten, indem ich etwas Lebensgefährliches tue. Und dann beginne ich mit einer bizarren Demonstration am eigenen Körper, um mein Leben zu retten und die Puppe zu besiegen. Mehr will ich hier nicht verraten, du solltest es dir unbedingt live anschauen!

Ein Film und eine magische Illusion basieren also beide auf Täuschungskünsten. Ein Film ist tatsächlich aus lauter Einzelbildern aufgebaut, unsere trägen Augen lassen sich jedoch durch die Bewegung der Bilder täuschen, und die Einzelbilder scheinen zu einem Film zusammenzufließen. Hättest du gedacht, dass die Erfindung des Films sogar auf einen Zauberkünstler zurückgeht?
Georges Méliès gab 1886 die erste Filmvorführung in Paris. Zur Verblüffung seines Publikums ließ er Gegenstände verschwinden und zeigte Personen, die sich Gliedmaßen abrissen oder mit ihren abgetrennten Köpfen spielten. Solche filmischen

Illusionen basierten zum Beispiel auf dem sogenannten Stopptrick: Méliès nahm eine Einstellung auf, stoppte die Kamera, veränderte etwas in der gedrehten Szene, dem gedrehten Bild, entfernte zum Beispiel einen Gegenstand, dann setzte er die Aufnahme fort. Bei der Wiedergabe der aufgenommenen Bilder erschienen die beiden Einstellungen wie eine, in der plötzlich ein Gegenstand fehlt. Méliès bediente sich noch anderer filmischer Tricks, wie zum Beispiel der Doppelbelichtung. Die Filmarbeiten dieses französischen Illusionisten haben Geschichte gemacht.

Menschenkenntnis und Cold Reading

Wenn eine Show beginnt, scanne ich schon bei der Begrüßung die vordersten Reihen: Geschlecht, Alter, Typ, Kleidung, wer hält Händchen, wer schaut zu wem … Ich deute intuitiv, wer zusammengehört; ich registriere, wer mich besonders anstrahlt, wer also unbedingt meine Show sehen und verzaubert werden möchte; wer zu einer Gruppe gehört und wer vielleicht nur als Begleiter oder Begleiterin mitgekommen ist und noch gar nicht genau weiß, was ihn erwartet. Für mich ist es das Größte, wenn ich es schaffe, all diese Menschen, die nun vor mir sitzen, aus ihrem Alltag zu entführen und fern von Sorgen und abseits jeglicher Vernunft wundervolle Momente lang noch einmal zum Kind werden zu lassen.
Es gibt aber in jedem Publikum auch den Skeptiker, der gar nicht von mir unterhalten und in die Welt der Magie entführt werden möchte, weil es ihm allein darum geht, hinter das Geheimnis der Magie zu kommen. Darin besteht seine Unterhaltung. Und auch diese Spezies erkenne ich meist schnell. Der Skeptiker nimmt oft Blickkontakt mit mir auf, so als wolle er

sagen: »Mich täuschst du nicht!« Er sitzt vielleicht auch mit verschränkten Armen da und guckt ernst, wenn die anderen lachen, weil er viel zu sehr mit seinem Vorhaben, die Tricks zu entlarven, beschäftigt ist.

Selten, aber es kommt immer wieder vor, gibt es auch Zuschauer, die nicht damit umgehen können, dass andere im Mittelpunkt stehen, diese versuche ich nicht in die Illusionen einzubinden, weil sie es darauf anlegen, mich schlecht dastehen zu lassen. Solche, die versuchen, lustiger zu sein als ich, machen mir keine Probleme, da halte ich eben mit, und meistens kommen dadurch sehr amüsante, spontane Situationen zustande.

Früher bin ich auch immer mal wieder an eine Person geraten, die gegen mich gearbeitet hat. Das ist sehr schlecht! Magie braucht auch Menschen, die Magie zulassen, sonst leidet die Dynamik der Show. Wenn jemand bewusst an etwas anderes denkt als das, um das ich ihn bitte, kann er mir ernsthafte Schwierigkeiten bereiten und meine Illusion gefährden. Als Magier bin ich ihm jedoch einen Schritt voraus. Ich lasse es sofort wie einen Test aussehen, um unsere Chemie zu checken, und komme erst dann zum eigentlichen wichtigen Kunststück! Ich hole ein Kartenspiel aus der Tasche und lasse ihn eine Karte ziehen, während dessen überlege ich mir ganz schnell, was ich jetzt zeige.

Aussehen, Körpersprache und Ausdrucksweise verraten viel über einen Menschen, und auch sein Charakter und sein Verhalten prägen unseren ersten Eindruck, den wir von einer Person haben. Diese Menschenkenntnis befähigt uns, Eigenschaften eines Menschen zu erkennen und sein Verhalten zu erklären bzw. vorauszusagen. Jeder von uns sammelt mehr oder weniger Menschenkenntnis im Verlauf seines Lebens, sie ist auch von der persönlichen Lebenserfahrung abhängig.

Woher ich meine Menschenkenntnis habe, schließlich bin ich

weder alt noch weise? Gute Frage! Vielleicht braucht man, wenn man in zwei Kulturen aufwächst, dieses feine Gespür für den anderen besonders. Ich bin in Deutschland geboren und aufgewachsen, habe aber auch die persischen Wurzeln kennengelernt. Unterschiedlicher können Leben nicht sein. Wenn ich allein an meine deutschen und an meine persischen Großeltern denke, beide Großelternpaare haben uns Kinder geliebt, aber sie haben es auf völlig andere Weise gezeigt. Der Umgang miteinander innerhalb einer Familie war bei meiner Teheraner Familie sehr respektvoll, die Jüngeren hatten den Älteren Wertschätzung zu bezeugen. Meinem Großvater gab ich darum jeden Morgen die Hand zur Begrüßung.

In Teheran wurden auch oft sehr schöne große und fröhliche Familienfeste ausgerichtet, bei denen ich gern dabeisaß und alles beobachtete, wenn ich nicht mal wieder mit den anderen Kindern in den Garten geschickt worden war. Das respektvolle Miteinander mag für Deutsche kühl wirken, aber so kühl war die Atmosphäre dort gar nicht, weil es zugleich ein lebhafter und weltoffener Haushalt war. Es waren immer irgendwelche Besucher da, Familie, Freunde, Bekannte – und auch das Personal trug zur Lebendigkeit in der großen Stadtvilla bei. Ich habe mich bei meinen Großeltern in Teheran wirklich sehr wohl gefühlt und spürte ihre Liebe trotz der scheinbaren Distanz.

Auch meine deutschen Großeltern haben unsere Kindheit begleitet. Sie haben mit uns gespielt, uns vorgelesen, sind mit uns durch die Wälder gestreift, mein Opa hat mit mir Radfahren geübt. Durch die große Nähe zu ihnen und das liebevolle Miteinander haben wir immer auch viel miteinander geredet. Damals dachte ich, so wäre das in allen Familien in Deutschland. Heute weiß ich, dass es nicht selbstverständlich ist, in solch behüteten und zugleich anregenden Familienverhältnissen groß geworden zu sein. Wenn ich in einem Kinderheim zaubere und mir der ein oder andere Erzieher erzählt, was manche Jungs und Mädchen in ihrer kurzen Lebenszeit schon alles mitgemacht haben, Drogentod der Eltern, Missbrauch, Vernachlässigung, Hunger, eine regelrechte Heimkarriere – das ist nicht bloß krass, das macht einen fassungslos und traurig.

Sich dem Empfinden für anderes, für Fremdes nicht zu verschließen, das macht Menschenkenntnis auch aus. Den anderen einzuschätzen bedeutet ja immer, sich in einen Fremden hineinzuversetzen. Und das musste ich auch erst lernen.

Während meines Studiums im Jahr 2004 arbeitete ich für eine Restaurantkette, die mich als Magier für mehrere Filialen im Ruhrgebiet und im Rheinland engagiert hatte – Erlebnisgastronomie nennt man das. Nachdem die Gäste ihr Essen bestellt hatten und warteten, »zauberte« ich am Tisch für sie. Mit meinen Kleinillusionen überbrückte ich die Wartezeit unterhaltsam und verschaffte den Gästen Erinnerungswerte, von denen sie vielleicht auch anderen erzählen würden, so dass dadurch womöglich auch neue Gäste ins Restaurant kamen.

Das Konzept kam gut an. Insgesamt hatte ich bald mehr als fünfzig Auftritte im Monat in den verschiedenen Filialen, zwei in Düsseldorf, eine in Oberhausen, zwei in Duisburg, eine in Recklinghausen, und konnte meine Tricks für die angepeilte Fernsehsendung beinahe täglich, manchmal vor Hunderten von Zuschauern üben. Diese Arbeit verschaffte mir ein sehr gutes Training, vor allem, was mein Selbstbewusstsein und die Menschenkenntnis betraf. Alle paar Minuten an einen neuen Tisch mit fremden Personen zu treten, das schult das Auge, die Kommunikationsfähigkeit, das Timing und die Reaktionsschnelligkeit.

Ich wurde also immer selbstbewusster und strotzte regelrecht vor Energie und Willen, die Menschen mit meiner Magie zu verzaubern. Bis zu jenem Tag, als ich zum ersten Mal bei jemandem nicht ankam. Ich stellte mich wie immer charmant und humorvoll an einem neuen Tisch vor, an dem ein junges Pärchen saß. Fast schon wollte ich mit meinem ersten Kartentrick beginnen, als ich einen Blick in ihre Gesichter warf. Die Gesichter, die die beiden machten, werde ich nie vergessen. Das Mädchen hatte verheulte Augen und sah todunglücklich aus, dem Jungen schien es nicht viel besser zu gehen, doch er behielt die Kontrolle und gab mir ein Zeichen, dass ich besser wieder gehen sollte. Boff!

Offensichtlich hatte der Junge gerade mit seiner Freundin Schluss gemacht, und ich war mehr als unbedarft in diese besondere emotionale Situation geplatzt. Völlig unsensibel hatte ich mein Programm begonnen, ohne mich zu versichern, ob mein Publikum überhaupt mitmachen möchte. Ein sehr wichtiger Moment, in dem ich sehr viel gelernt habe.

Seit diesem Tag schaue ich lieber zehnmal hin, bevor ich mit meinem Programm loslege. Ich lernte, mein Gegenüber noch aufmerksamer zu betrachten, vor allem die Mimik und Körpersprache besser einzuschätzen, bevor ich jemanden ansprach. Ich wurde sensibler für meine Mitmenschen. Manchmal wettete ich sogar mit dem Geschäftsführer, wer gleich sagen würde: »Nein, wir möchten jetzt nichts sehen.« Ich lag dabei fast immer richtig!

Diese gezielte Aufmerksamkeit nutze ich sowohl bei der Auswahl eines Zuschauers als auch bei der Vorbereitung auf eine Talkshow, bei der auch andere Gäste eingeladen sind. Selbst wenn ich mich durch Recherche auf die einzelnen Teilnehmer vorbereitet habe, verlasse ich mich hauptsächlich auf meine Intuition bei der Einschätzung einer Person. Denn oftmals ist es auch die Tagesverfassung eines Menschen, die mir signalisiert, wie empfänglich jemand für Illusionskunst ist.

Doch meine Menschenkenntnis allein reicht nicht aus, um zum Beispiel eine mentale Illusion durchzuführen, bei der ich Aussagen über eine Person oder ihr Umfeld treffen möchte, die ich eigentlich nicht wissen kann. Hier wende ich zusätzlich die Technik des Cold Readings an. Wenn man diese Technik gut beherrscht und richtig anwendet, entsteht beim jeweiligen Zuschauer der Eindruck, man könne in seinen Geist, in seine Vergangenheit, seine Gegenwart und seine Zukunft blicken. Cold Reading weckt also den Anschein, dass ich übernatürliche Kräfte besitze, was ich selbst natürlich nie behaupten würde.

Die Grundlagen für das Cold Reading sind natürlich Menschenkenntnis und Intuition; dazu kommen jedoch Techniken, die den Eindruck, man könne Gedanken lesen, verstärken. So äußere ich dem jeweiligen Zuschauer gegenüber Aussagen, die von solch einer allgemeinen Qualität sind, dass sie auf jeden Menschen in ähnlichem Alter und mit einem ähnlichen Hintergrund zutreffen würden. Zugleich muss ich diese allgemeinen Kommentare aber so formulieren, dass sich diese einzelne Person mit meiner Aussage identifiziert und sie ausschließlich auf sich bezieht.

Dabei kommt es mir zugute, dass Menschen, die bereit sind, Magie zu erleben, in der Regel dazu neigen, Aussagen zu bestätigen. Sie denken also an ihre Lebensumstände oder Familienangehörige, auf der Suche nach einem Beweis für meinen Hinweis. Daran zeigt sich, wie sehr das Gelingen der Mentalmagie von dem jeweiligen »Medium« abhängig ist. Und genau deshalb ist die Auswahl der passenden Personen so wichtig.

Die Neigung von Menschen, allgemeingültige Aussagen als treffende Beschreibung der eigenen Person anzusehen, wird in der Psychologie als »Barnum-Effekt« bezeichnet, nach Phineas Taylor Barnum, einem Schausteller und späteren Besitzer eines beliebten Kuriositätenkabinetts und Wanderzirkus. Barnum war ein Meister in Sachen PR und schreckte für eine gute Werbekampagne beinah vor nichts zurück. Er schaffte es, Millionen von Menschen für seine Attraktionen zu begeistern, selbst nachdem öffentlich geworden war, dass es sich um einen Schwindel handelte.

Der Barnum-Effekt wird nun wiederum dadurch verstärkt, dass ich nicht eine allgemeine Aussage tätige, sondern gleich mehrere. Und wenn das Gegenüber dann auf einen der möglichen Hinweise positiv reagiert, nicht mal unbedingt mit Worten, vielleicht auch nur durch ein Lächeln, mache ich mit diesem ersten bestätigten Hinweis weiter. So nähere ich mich immer mehr einer Wahrheit an, die mir der Zuschauer selbst verrät.

Interessanterweise handelt es sich bei dieser Wahrheit mehr um die Wunschvorstellung der jeweiligen Person, also wie sie sich wünscht zu sein, und weniger darum, wie sie tatsächlich ist. Denn unser Selbstbild entspricht selten der Realität, sondern richtet sich danach, was wir gern wären.

Und jetzt das Ganze noch mal in der Praxis. In meiner Show mache ich oft solche Mentalkunststücke. Eben noch habe ich auf der Bühne einen Zuschauer von einem Stuhl zum anderen wandern lassen. Jetzt gehe ich am Bühnenrand entlang und schaue mir die Zuschauer in den ersten Reihen an. Manche sind nervös, sie wollen auf keinen Fall die Blicke auf sich ziehen. Wieder andere lächeln mich an, für sie wäre es das Größte, in einen meiner Tricks eingebunden zu werden. Dann aber spreche ich einen jungen Mann im Anzug an.

»Hallo! Mein Name ist Farid! Wer bist du?«

»Max.«

Jetzt habe ich schon mal den Namen. Ich sehe, wie Max an seiner Krawatte herumfingert, und sage: »Max, du bist ein Mensch, der Wert auf sein Äußeres legt, richtig?«

»Ja, das stimmt.«

Treffer! Kein Wunder, wer würde diese Frage in dieser Situation verneinen? Max strahlt und blickt zu der jungen Frau an seiner Seite herüber, die ebenfalls strahlt. »Max, du hast das Glück, dass du von einem bestimmten Menschen sehr viel Unterstützung bekommst. Diese Person schätzt dich sehr.«

Max' Strahlen könnte jetzt gut die Saalbeleuchtung ersetzen. »Ja, das könnte sein«, sagt er und grinst die Frau an seiner Seite an.

»Bist du diese Person?«, frage ich die junge Frau neben Max.

»Ja«, sagt diese schüchtern. Sie traut sich kaum, mich anzuschauen, und klammert ihre Finger um die Sitzlehne. »Keine Angst, Mia«, sage ich. »Ich verrate eure anderen Geheimnisse nicht.«

Das Publikum lacht und applaudiert. Mia und Max gucken verdutzt. Den Namen habe ich vom Anhänger ihres Kettchens abgelesen, ein Schutzengelanhänger vermutlich, auf dem die Rückseite mit einer persönlichen Gravur versehen werden kann. Und dann beginne ich mit Max und Mia eine Kartenillusion.

Den Effekt des Cold Readings kann man durch das sogenannte Hot Reading noch intensivieren. Dazu besorgt man sich Informationen über einen Gesprächspartner, Zuschauer bereits vor dem Gespräch beziehungsweise dem mentalen Kunststück. Dadurch wird der Eindruck, dass man auf übernatürlichem Wege zu seinem Wissen gelangt ist, noch verstärkt.

Die Persönlichkeit des Magiers

Ein Magier muss sein Handwerk verstehen und die richtigen Techniken beherrschen, das ist klar, doch allein mit Handwerk und Technik kommt man sicher nicht bis auf die großen Bühnen. Fehlt es an Persönlichkeit und Standing, schafft man es vielleicht in regionalen Kreisen, aber nicht international. Ein Copperfield kann mit einer charmant-witzig gespielten beliebigen Close-up-Nummer einen Saal zum Lachen bringen; derselbe Trick von einem beliebigen Miraculix, der zwar einwandfrei »zaubert«, dem es aber an Charisma fehlt, wird bloß müdes Gähnen hervorrufen.

Als ich noch fürs Jurastudium eingeschrieben war, die meiste Zeit aber bereits der Illusionskunst widmete, war mein größter Wunsch, irgendwann die großen Bühnen zu bespielen – auch im Ausland. New York, London, Paris – und natürlich Las Vegas; dort aufzutreten ist für einen Magier wie ein Ritterschlag. Doch um diese Träume verwirklichen zu können, musste ich bekannter werden. Und das schafft man am besten, wenn man sich mit bekannten Leuten zeigt. Also überlegte ich mir immer mal wieder, für welche bekannten Persönlichkeiten ich zaubern und wie solch eine magische Verbindung zustande kommen könnte.

An Ideen und Selbstbewusstsein mangelte es mir schon damals nicht. Als Don King im Jahr 2005 mal wieder in Deutschland war, weil einer seiner Box-Schützlinge in Nordrhein-Westfalen in den Ring stieg, gab er eine Pressekonferenz in Düsseldorf. Davon hatte ich zufällig gehört. Don King, dieser exzentrische US-Amerikaner mit der berühmten Elektro-Frisur und den ausgefallenen Klamotten, der im Boxgeschäft eine lebende Legende war – es wäre Wahnsinn, diesen gewaltigen Typen mit etwas Magie zum Staunen und zum Lachen zu bringen. Und ein Video von mir mit ihm, das wäre genial!

Ich rief Pierre an, und auch er war sogleich angefixt, so dass ich mit unserer kompletten Kameraausrüstung kurz darauf bei ihm vorbeifuhr. Düsseldorf, wir kommen! Doch als wir dann vor dem bewachten Eingang standen, die Reporter und Kameraleute waren alle mit Namen angemeldet, ahnte ich, dass wir hier nicht einfach reinkommen würden. Wir taten so, als wären wir ebenfalls geladene Gäste mit einem festen Termin – und o Wunder, obwohl unsere Namen auf der Liste nicht zu finden waren, standen wir wenig später vor der nächsten Absperrung, die ein aufgebautes Set mit zwei Stühlen vor einer Wand mit Werbung vom Sitzbereich der Journalisten abtrennte.

Nicht einmal ein Dutzend Kamerateams saßen auf Stühlen, zwischen denen zum Teil auch noch Absperrbänder angebracht worden waren. Hier wollte jemand die Kontrolle haben. Und dieser Jemand stand im nächsten Moment auch schon vor uns: Don Kings Sohn, Carl, der das Management für seinen berühmten Vater machte. Jetzt mussten wir Farbe bekennen. Etwas unterhaltsame Zauberkunst für Don King – nein, das kam gar nicht in Frage. Aber wir durften bleiben.

Und dann ging es auch schon los: Don King erschien unter dem Beifall der Journalisten und nahm auf einem der freien Stühle vor der Werbebannerwand Platz. Der erste Reporter durfte auf dem freien Stuhl neben Don Platz nehmen und ihn interviewen – nur wenige Minuten, dann wurde der nächste nach vorn gebeten. Diese Reporterwechsel schaute ich mir noch drei-, viermal an, es war immer das gleiche Muster: Don zupfte sich seine Kleidung zurecht und schien in Gedanken das geführte Interview zu bewerten. Der Reporter, der es geführt hatte, stand auf und hielt ebenfalls für Sekunden inne, so als würde er das Gesagte noch mal Revue passieren lassen, bevor er den Platz frei machte. Die wartenden Journalisten, die noch nicht an der Reihe gewesen waren, schauten sich nervös um. Wer war wohl der Nächste?

Genau diesen Moment, in dem die meisten der Anwesenden eher orientierungslos abwarteten, was nun passieren würde, den nutzte ich. Ich sprang über die Absperrung vor mir und setzte mich zu Don auf den gerade freigewordenen Stuhl. Im gleichen Augenblick war ein wartender Journalist auf das Zeichen eines Managers aufgestanden, doch nun war sein Platz ja schon besetzt, so dass er irritiert von mir zu dem Mitarbeiter schaute. Ich begrüßte Don eher beiläufig, schaute mit ernstem Blick zu Pierre und fragte: »Bist du so weit? – Hast du das neue Tape drin?«

Dies war die nötige Ablenkung in diesem Moment, denn jetzt schauten alle zu Pierre und verfolgten unseren Austausch. Ich strahlte dabei Souveränität aus, so dass sich erst einmal keiner traute anzuzweifeln, dass ich der Gewünschte auf dem Platz neben Don war. Selbst der Reporter, der das Zeichen erhalten hatte, wie auch der Managermitarbeiter waren verunsichert und für diesen wichtigen Moment handlungsunfähig. Zudem hatte niemand die Möglichkeit, mich anzusprechen, weil ich ja selbst redete. Don selbst wusste nicht, welcher Journalist an der Reihe gewesen wäre, also beschwerte auch er sich nicht. Ich durfte nur nicht aufhören zu reden.

Also drehte ich mich direkt zu Don und stellte mich vor. Dabei ließ ich ein Kartenspiel in meinen Händen erscheinen – was Don bereits sichtlich erfreute –, und dies wiederum war mein erstes Ziel! Denn jetzt konnte sein Sohn, der sich mit bösen Blicken der Szenerie genähert hatte, nicht mehr eingreifen. Oder sollte er seinem sichtlich begeisterten Vater das Vergnügen verderben? Also zauberte ich munter weiter und weiter, bis Don laut rief: »MAGNIFICENT, MAGNIFICENT!«

Mal ehrlich: Fingerfertigkeit, Techniken der Ablenkung, schauspielerisches Talent, dramaturgische Kenntnisse und Techniken wie das Cold Reading sind das eine, Menschenkenntnis, Intuition und so etwas wie Talent und Charisma sind das andere. Wie ich gern sage: »Wir können alle lernen, Basketball zu spielen, aber keiner von uns spielt wie Michael Jordan.«

KAPITEL VIER:
Meister der Ablenkung

Seit ich mich mit der Kunst der Ablenkung beschäftige und sie mit jeder Illusion weiter perfektioniere, fällt mir immer wieder auf, in wie vielen alltäglichen Lebensbereichen sie uns begegnet – ob nun bewusst oder unbewusst. Denk nur einmal an dein letztes Date: Du bist wahrscheinlich eine gefühlte Ewigkeit zwischen Kleiderschrank und Spiegel hin und her gelaufen, auf der Suche nach dem optimalen Kleid, das deine Taille betont und die Oberschenkel kaschiert. Oder konntest du das Hemd, das so geschnitten ist, dass dein kleiner Bauchansatz verdeckt wird, während es deine trainierten Oberarme zur Geltung bringt, nicht finden? Ständig versuchen wir, was uns selbst gefällt, hervorzuheben, und was uns nicht passt, zu verbergen.

Auch wer etwas verkaufen möchte, wird meist darauf achten, von Produktmängeln abzulenken. So entpuppt sich beim Gebrauchtwagenkauf im Internet das solide Schnäppchen dank Photoshop nicht selten als Schrottlaube. Und die Besichtigung im Winter nach 16 Uhr hat der Verkäufer nur deshalb arrangiert, weil man Kratzer im Lack in der Dämmerung nicht mehr so gut sieht. Wäre mir beim Kauf meines ersten Autos auch beinahe passiert, zum Glück war ein Freund dabei, der mich in meinem Eifer bremste.

Bei der Suche nach einer eigenen Wohnung in Bochum habe ich eine Liste gemacht, was mir persönlich wichtig ist. Auf dieser Liste stand ganz oben: Platz für Requisiten, Geräte und Werktisch. Ich hatte damals noch keinen separaten Werkraum mit Lager; meistens ließ ich meine Gerätschaften in der Kfz-Werkstatt eines Freundes in Hagen bauen, oder ich machte mich zu

Hause bei meinen Eltern selbst ans Werk. Neben genügend Stauraum waren mir bei meiner ersten eigenen Wohnung außerdem wichtig: eine sympathische Hausgemeinschaft, eine möglichst ruhige Lage mit guter Verkehrsanbindung, ausreichend Steckdosen und moderne Verkabelung und so wenig Einblick von außen wie möglich.

Eine der ersten Wohnungen, die ich besichtigte, war ein Volltreffer, es passte einfach alles. Ohne lange zu überlegen, sagte ich zu. Da hatte ich Glück, denn auch Immobilienmakler sind Meister der Ablenkung, die gerne mal den einen oder anderen Makel verschweigen.

Eine sehr gute Freundin von mir, Patricia, zog vor einiger Zeit von Hagen nach Berlin. Leider konnte sie vorab keine Wohnungen besichtigen, da sie kurzfristig einen Job bei einem Berliner Verlag annahm. Von Hagen aus, wo sie noch für ihre Abschlussprüfungen an der Uni lernte, versuchte sie, das meiste telefonisch zu regeln; sie sah sich Wohnungen via Internet an und hätte sogar beinahe den Mietvertrag für ihre »Traumwohnung« in Friedrichshain unterschrieben, ohne sie vorher in Augenschein genommen zu haben. In der Internetanzeige war die kernsanierte Altbauwohnung in einer begrünten Wohnstraße ausführlich beschrieben, sämtliche Daten waren angegeben. Zum Glück konnte ich Patricia überreden, doch noch zu einer Besichtigung zu fahren, um alles persönlich unter die Lupe zu nehmen, bevor sie ihren Namen unter irgendeinen Vertrag setzte.

Es handelte sich tatsächlich um eine Traumwohnung: hohe Decken, viel Stuck und schöne alte Holzdielen – innerhalb der Wohnräume war wirklich alles perfekt. Das Problem tat sich erst auf, als ich das Fenster öffnete, um etwas Luft ins stickige Schlafzimmer zu lassen. Doch statt Frischluft zog Küchengeruch zu uns herein. Erst jetzt fiel uns auf, dass im Neben-

gebäude eine Bar untergebracht war, was natürlich auch Probleme mit der Lautstärke geben könnte.
Zum Glück hat sich Patricia, die eher lärmempfindlich ist, in letzter Minute gegen die Wohnung entschieden. Aus der Anzeige hatte man genau diesen Schwachpunkt der Wohnlage neben einer Disco mit Restaurant nicht entnehmen können, und die Bezeichnung »begrünte Wohnstraße« ruft in einem das Bild eines Idylls in den Kopf, da haben der Geruch von Frittenfett, Betrunkene und Tanzwütige keinen Platz.
Bei so wichtigen Kaufentscheidungen, wie die für eine Wohnung, ein Auto oder auch eine Urlaubsreise, sollte man sich nie auf Bilder im Internet verlassen. Am besten, das Ganze besichtigen oder – bei der Urlaubsreise – gut das Kleingedruckte studieren!

Ein wahrer Fundus für Ablenkungsmanöver ist auch der Supermarkt. Hier wirst du bei deinem Einkauf an möglichst vielen Regalen vorbeigelenkt; wie ein tiefer Dschungel sind manche dieser großflächigen Läden angelegt, du kommst nie auf direktem Wege irgendwohin und schon gar nicht hinaus – ein voller Einkaufswagen ist dadurch beinahe unumgänglich.
Wie es kommt, dass ausgerechnet ich mich so gut mit Supermärkten auskenne? Natürlich bin ich als Jugendlicher oft für meine Mutter einkaufen gegangen; schon damals habe ich die »Manipulationen« in den Läden genau studiert. Aber wie es kam, dass ich den Supermarkt irgendwann wie meine eigene Westentasche kannte – daran ist Eva schuld, eine Dame von inzwischen 84 Jahren.
Sie kam eines Tages zu uns herüber und fragte meine Mutter, ob ich zu Hause sei und ihr helfen könne. Ich sei doch so groß gewachsen, dass ich sicherlich eine Glühbirne in einer Deckenleuchte wechseln könne, ohne auf eine Leiter steigen zu müssen.

Sie erzählte, dass sie mich vom Fenster aus ein paarmal beobachtet habe, wie ich von der Bushaltestelle nach Hause gegangen sei. Und der Elektriker würde sich jedes Mal schon die Anfahrt teuer bezahlen lassen.

Meine Mutter rief mich selbstverständlich, und so schlenderte ich mit der alten Dame die Straße hinunter zum Haus, in dem sie zur Miete wohnte. Sie erzählte mir, dass sie allein lebe, ihr Mann sei verstorben, und ihren einzigen Sohn sehe sie nur selten, die Schwiegertochter habe es nicht gern, wenn er zu ihr komme.

Von nun an half ich Eva, ich durfte sie beim Vornamen nennen, siezte sie jedoch. Wenn ich sie auf der Straße traf und sie schwere Einkäufe nach Hause trug, dann nahm ich ihr die Taschen ab und brachte ihr alles in die Wohnung. Ich mochte Eva, die außerdem eine sehr gute Versuchsperson für kleine Zauberkunststücke war. Eines Tages im Winter stürzte sie auf den eisglatten Bürgersteig und musste sich danach mit einem verbundenen Fuß behelfen. Von nun an übernahm ich den Supermarkteinkauf für sie.

Zwar wollte sie alles wieder selbst machen, sobald ihr der Verband abgenommen worden war. Aber die alte Frau mit den schweren Taschen bei Eis und Schnee: Das kam mir leichtsinnig vor. Außerdem machte es mir nichts aus, ein-, zweimal die Woche für sie einzukaufen. Sie wollte mir aber auf gar keinen Fall Umstände machen, so dass ich noch ein Argument drauflegte: »Liebe Eva, bitte ersparen Sie mir den Umstand, den ganzen Tag aus dem Fenster zu schauen, um mitzubekommen, wann Sie einkaufen gehen wollen! Ich mache das wirklich gern, Sie brauchen nur zu klingeln oder anzurufen.« Jetzt lächelte sie.

Leider komme ich heute nur noch selten dazu, für Eva einzukaufen. Seitdem ich so viel unterwegs bin, hilft meine Schwester unserer betagten Nachbarin.

Was ich aus der Zeit mitgenommen habe, ist ein untrügliches Gespür für die unsichtbare Macht, die einem im Supermarkt die Sinne benebelt und dazu verleitet, lauter Dinge einzukaufen, die man eigentlich gar nicht haben will. Das kennst du sicher auch: Du wolltest nur noch schnell Butter und Milch besorgen. Stattdessen bleibst du gleich am Eingang vor dem großen Werbeplakat stehen, auf dem dein Lieblingsknabberzeug als XXL-Packung zum Supersonderpreis angeboten wird. Auch im Inneren des Ladens wird dir ständig irgendetwas als besonders günstig angeboten; es kann ja nicht schaden, ein bisschen was auf Vorrat mitzunehmen, denkst du – und schwupp!, landet die neue Schokoladensorte im Einkaufswagen.

So geht es weiter, denn das Kühlregal ist natürlich schlauerweise ganz hinten, so dass du zuerst noch an unzähligen anderen Regalen vorbeimusst. Richtig schlimm ist es, wenn man auch noch Hunger hat. Obwohl zu Hause das Abendbrot wartet, kauft man alles, wonach einem gerade der Sinn steht. Eigentlich müsste man sich permanent disziplinieren und ständig daran denken, was man eigentlich wollte. Einfacher gesagt als getan!

Wir sind als Konsument, als Kunde, längst durchleuchtet. Die Konsumforschung hat alles untersucht und analysiert und psychologische Schlüsse daraus gezogen. Diese haben dann Marketingexperten, Raumplaner und Produktgestalter bestmöglich umgesetzt, um dich keinen Schritt mehr selbstbestimmt gehen zu lassen. Du wirst unbemerkt durch den Supermarkt geleitet, die einladende Atmosphäre, die durchdachte Warenpräsentation, die Zickzack-Wege, die du gehen musst, die augenfälligen Schilder und Displays, die von Designern kreierten Verpackungen mit den manipulierten Bildern – so rosig wie auf dem Bild ist der Schinken in der Verpackung doch gar nicht –, die psychologische Anordnung der Produkte im Regal – teure Produkte stehen in Griffnähe, Preiswertes unten –, die entspannende

Musik, der verführerische Duft am Brotstand, das farbenintensivierende Licht am Obst- und Gemüsestand …
Wir kaufen mit all unseren Sinnen ein, und unsere Sinne sind daran schuld, dass wir uns so blindlings ablenken lassen. Beobachte dich einmal selbst bei deinen nächsten Supermarkteinkäufen: Wie fühlst du dich vorher, wie verändert sich dein Gefühl beim Einkauf? Vor welchen Artikeln und warum bleibst du stehen, was kaufst du, was du eigentlich gar nicht vorhattest zu kaufen? Durch Laden-, Regal- und Produktgestaltung werden wir gezielt von unserem Kaufvorhaben abgelenkt und animiert, ungeplant mehr und anderes zu kaufen.

Möchtest du der Manipulation im Supermarkt und somit unnötigen Spontankäufen entgehen? Hier ein paar Tricks:

- Schreib dir einen Einkaufszettel. Altmodisch? Geht auch mit dem iPhone, so mache ich es. Und halte dich möglichst an deinen Einkaufszettel! Überprüfe spätestens an der Kasse, wie viele Dinge du genommen hast, die gar nicht auf dem Zettel standen, und ob du diese wirklich brauchst.
- Geh nicht hungrig einkaufen, denn dann kauft man mehr.
- Lass dich durch die Größe des Einkaufswagens nicht animieren, mehr zu kaufen. Wen stört's, wenn er nicht voll zur Kasse rollt? Oder noch besser: Nimm einen Korb, der ist schneller voll, und ab einem gewissen Gewicht will man ihn ohnehin nicht weiter »belasten«.
- Schau beim Obst und Gemüse besonders gut hin. Ist das Produkt wirklich frisch, oder lässt das Licht die Farben so intensiv strahlen, und in Wirklichkeit macht ein Teil der Salatblätter schon schlapp?
- Falls dir Produktproben oder Gutscheine angeboten werden, hinterfrage sie kritisch.

- Schau im Regal auch nach den Produkten, die unten stehen, die sind meist preiswerter.
- Überlege genau, ob du »Drei für zwei«-Angebote wirklich nutzen kannst. Wenn du nachher die Hälfte wegwirfst, hast du sicher keinen Gewinn mehr gemacht.
- Vorsicht bei Aktionsangeboten: Vergleiche den Grundpreis, also die Angabe pro hundert Gramm, zum Beispiel mit dem Grundpreis einer kleineren Verpackung. Ist das Angebot wirklich günstiger?

Gefährlicher als ein Supermarkteinkauf mit vollen Einkaufstüten sind Haustürgeschäfte – denn hier agieren nicht selten Trickdiebe statt freundlicher Staubsaugervertreter. Vor allem wenn zwei Personen vor der Tür stehen, sollten bei dir alle Alarmglocken angehen. Gerade ältere Menschen, die allein leben und sich über jede Unterhaltung freuen, fallen auf solche Trickdiebe immer wieder herein. Dabei gibt es nichts Einfacheres, als zu zweit eine Person abzulenken. Der eine verwickelt das Opfer in ein Gespräch, lotst es in einen anderen Raum, und schon macht sich der Kollege daran, nach den Ersparnissen des Opfers zu suchen.
Bei der Großmutter eines Bekannten standen einmal zwei als Klempner verkleidete Trickdiebe vor der Tür. Sie gaben vor, in einer anderen Etage habe es einen Wasserrohrbruch gegeben, weshalb sie nun alle Wohnungen auf Wasserschäden hin überprüfen müssten. Diese Nummer ist ganz fies. Schließlich will man keinen Wasserschaden in der eigenen Wohnung – und natürlich kommt so ein Rohrbruch schon mal vor. Da ist es schnell passiert, dass man die Diebe sogar freundlich hineinbittet. Sind sie erst einmal in der Wohnung, werden sie all ihr Können beweisen und dich meisterhaft ablenken, während sie dir Schmuck, Bargeld und andere wertvolle Kleingegenstände stehlen.

Die Großmutter meines Bekannten allerdings war gewieft. Sie tat, als wäre ihr Sohn zu Besuch, und rief laut über die Schulter in die Wohnung: »Marvin, kommst du mal, hier sind zwei Klempner.« Da machten die Männer in den blauen Overalls auf dem Absatz kehrt und riefen: »Wir kommen später noch mal.«

Trickdiebe lauern auch an vielen anderen Orten: in der Fußgängerzone, in Einkaufspassagen, in der überfüllten U-Bahn, auf der Rolltreppe im Kaufhaus, im Straßencafé ... Beim Trickdiebstahl funktioniert die Ablenkung, weil eine Emotion vermittelt wird, die unsere Aufmerksamkeit bannt: Du wirst angerempelt – und fühlst dich unwohl und ärgerst dich, musst das Gleichgewicht wiederfinden; du wirst nach dem Weg gefragt – du willst nicht unhöflich sein und antwortest etwas; du bekommst ein tolles Geschäft vorgeschlagen – du bist unsicher, möchtest dir aber auch nichts entgehen lassen. Emotionen zu vermitteln, ist die beste Art abzulenken, denn wir können das Aufkommen von Gefühlen nicht verhindern. Trickdiebe rechnen mit deinen Gefühlen!
Die Nummer mit dem Anrempeln habe ich schon vorn im Buch erwähnt, aber man kann nicht genug davor warnen. Wenn du angerempelt wirst, dann solltest du instinktiv nach deiner Handtasche oder Geldbörse in der Hosentasche greifen, bevor es der andere schon getan hat. Trickdiebe, die Geldbörsen aus Hand- oder Jacken- oder Hosentaschen entwenden, sind meist geschult und schnell. Daher hast du leider nur eine sehr geringe Chance! Der beste Schutz ist es, Orte mit Menschenansammlungen zu meiden und die Geldbörse möglichst nah am Körper zu tragen.
Ich werde nicht vergessen, wie einer der besten Freunde meines Vaters, Onkel Tofi, uns besuchte, nachdem er am Tag zuvor in seinem Orientteppichgeschäft einem Betrüger aufgesessen war.

Dieser dreiste Gauner musste ein Meister der Ablenkung gewesen sein! Ich selbst war damals vielleicht neun oder zehn Jahre alt und war den beiden Männern mit meiner Katze Sari in die Küche gefolgt.

Onkel Tofi und mein Vater waren enge Vertraute. Die beiden hatten in ihrer Heimatstadt Maschhad, der zweitgrößten Stadt Irans, zusammen die Schule besucht und waren in den 1960er Jahren kurz hintereinander nach Deutschland gekommen. Bis auf die Größe – mein Vater überragte seinen Freund deutlich – waren sie sich in vielem ähnlich, immer gut angezogen, bei allen beliebt. Onkel Tofi war wie mein Vater im Teppichhandel tätig und führte ein Einzelhandelsfachgeschäft für erlesene Orientteppiche in Frankfurt am Main.

Man muss vielleicht erklären, dass ein Perserteppich in den 1980er und 1990er Jahren noch als Statussymbol galt. Wer etwas auf sich hielt, hatte mindestens einen »echten Perser«. Das Geschäft von Onkel Tofi befand sich in einem Einkaufszentrum, eines der ersten dieser Art, und es war jeden Tag sehr gut besucht. Hier kamen Menschen jeglichen Alters und aus allen sozialen Schichten zum Einkaufen oder auch nur zum Schaufensterbummeln her. Da Orientteppiche meist in einer höheren Preislage angesiedelt waren, kamen in das Teppichgeschäft eher betuchte Leute.

Onkel Tofis Lippe bebte noch immer vor Zorn, als er in unserer Küche saß und zu erzählen begann: »Behrouz, stell dir vor, was gestern passiert ist. Der teuerste meiner Teppiche ist weg. Es ist unglaublich! Und dabei sah der Herr so vertrauenswürdig aus.«

»Nun mal langsam, Tofi«, sagte mein Vater. »Erzähl von vorn, was genau ist passiert?«

Onkel Tofi atmete hörbar aus und setzte noch einmal an: »Ein eleganter Herr in Anzug und mit feiner Krawatte kam in den Laden und schaute sich um, wirklich ein sehr gepflegter Mann und allem Anschein nach auch gebildet. Denn als ich ihn begrüßte und fragte, ob ich ihm behilflich sein könne, antwortete er höflich und deutete auf den edelsten Teppich, den ich im Geschäft ausgestellt hatte. Ich dachte noch, dass dies sicher nicht der erste Perser ist, den er kauft.«

Bei besagtem Teppich in der Größe drei Meter zehn mal zwei Meter, der an der Wand hängend ausgestellt war, handelte es sich um eine edle Handarbeit aus der persischen Provenienz Isfahan. Ein echtes Schmuckstück aus feinster Korkwolle, die von Hochlandschafen gewonnen wird. Die Konturen waren mit Seide geknüpft. Dieser wertvolle Teppich kostete damals 18 000 Mark, also umgerechnet etwa 9000 Euro.

Onkel Tofi erzählte weiter, während er seine rechte Hand immer mal wieder hob und sie dann leise auf den Tisch fallen ließ: »Ich nahm den Teppich von der Wand und legte ihn zum besseren Anschauen auf den Boden. Der Mann war begeistert, und ich merkte gleich, dass er diesen Teppich unbedingt haben wollte. Dann fragte er, ob er ihn zur Probe mitnehmen und in seinem Wohnzimmer auslegen dürfe. So könne er auch seiner Frau den Teppich erst noch zeigen.«

Onkel Tofi schaute meinen Vater fragend an. »Behrouz, das machst du doch auch bei einem guten Kunden, nicht? Das ist doch Service.«

»Jaja, Tofi, schon. Hast du denn auch die Ausweisnummer notiert? Und hat er dir zur Sicherheit etwas angezahlt?«

Onkel Tofi rutschte nervös auf seinem Stuhl hin und her. Ich hockte bei Sari auf dem Boden und kraulte sie. »Ach, Behrouz, das war ja das Problem! Der Herr hatte keinen Ausweis dabei. Und so viel Bargeld auch nicht. Aber …« Onkel Tofi räusperte sich, bevor er weitersprach. »Er hatte einen Brillantring in der Tasche, ein Geschenk für seine Frau, ein 1,5-Karäter, wie er versicherte. Den wollte er als Pfand dalassen.«

»Und woher wusstest du, dass es ein echter Brillant ist?« Mein Vater schaute seinen Freund skeptisch an.
»Ich war mir gar nicht sicher, Behrouz, aber ich habe ihn prüfen lassen, beim Juwelier in unserer Passage. Ein netter Mann, ein Ungar, wir treffen uns schon mal nach Feierabend. Und als wir rüber in seinen Laden sind, hat er den Edelstein unter die Lupe genommen. Herr Belak hat mir bestätigt, dass es sich um einen sehr kostbaren Weißgoldring mit einem echten Brillanten von 1,5 Karat handelt.« Jetzt atmete Onkel Tofi wieder hörbar aus und schüttelte dabei den Kopf.
Mein Vater nickte ihm zu, er solle weitererzählen. Sari schnurrte zufrieden. »Ich … ich hätte den Ring einfach nicht als Pfand annehmen dürfen!«, schimpfte Onkel Tofi mit sich selbst.
»Aber warum nicht, los, erzähl, was ist dann passiert?« Jetzt rutschte mein Vater auf seinem Stuhl hin und her.
»Du wirst es nicht glauben, ich bin keine Stunde später, nachdem mir der Mann den Lieferschein ausgefüllt und mit dem Teppich den Laden verlassen hatte – sein Auto war weiter weg geparkt, sonst wäre ich noch mitgegangen und hätte mir das Kennzeichen gemerkt –, also, ich bin noch mal zu Herrn Belak rüber und habe ihm den Ring noch einmal gezeigt. Ich hatte kein gutes Gefühl … und …«
»Und? Nun sag schon!« Mein Vater hatte sich über den Tisch gebeugt.
»Es ist ein Weißgoldring mit einem … einem unechten Brillanten. Nicht mal fünfhundert Mark wert.« Er zog eine schwarze Schatulle aus der Tasche und stellte sie geöffnet auf den Tisch. Ich musste mich recken, um das glitzernde Schmuckstück zu sehen. Vater nahm die Schatulle in die Hand und wendete sie mal nach rechts und mal nach links.
»Der Name und die Adresse auf dem Lieferschein stimmen natürlich auch nicht.«

»Hat sich der Juwelier denn vielleicht vertan?«, fragte mein Vater und hielt den Ring gegen das Licht.
Onkel Tofi zuckte mit den Schultern, er sah jetzt neben meinem Vater noch kleiner aus als sonst. »Herr Belak ist ein sehr angesehener Mann. Und ein Fachmann. Er kann es sich auch nicht erklären, er schwört, dass der erste Ring echt war. Der Betrüger muss ihn ausgetauscht haben.« Er seufzte. »Ich habe mir die ganze Nacht Gedanken gemacht, wann er es getan haben kann, aber ich finde keinen verdächtigen Moment in meiner Erinnerung. Ich muss einen Augenblick lang abgelenkt gewesen sein, anders kann ich es mir nicht erklären.«
Dieses Erlebnis von Onkel Tofi hat mich noch lange beschäftigt. Immer wieder stellte ich mir die Szene vor und überlegte, wann der Betrüger den Ring ausgetauscht haben könnte: Vielleicht hatte Onkel Tofi den Ring einen Moment lang auf den alten Sekretär gelegt, den er im Laden als Schreibtisch stehen hatte, um das Heft mit den Lieferscheinen aus der Schublade zu holen. Diese wenigen Sekunden reichen einem guten Trickbetrüger, um etwas auszutauschen. Ich habe Onkel Tofi auch später noch mal dazu befragt, weil mich diese Geschichte nicht losließ. Leider konnte er sich nicht mehr so genau an jede Minute erinnern. Und der Betrüger war mit dem edlen Perserteppich sowieso über alle Berge.

Betrüger wissen, wie man andere täuscht. Und um zu täuschen, muss man ablenken. Wie in der Magie auch. Eine besondere Sorte krimineller Täuschungskünstler sind die Hochstapler. Bei einem Flug von Berlin nach München las ich kürzlich über den Hochstapler Volker Eckel, der sich im Jahr 2009 als Mohammed Al Faisal, als unehelicher Sohn Saddam Husseins, ausgegeben und große Teile des Schwabenlandes und der Schweiz zum Gespött gemacht hatte.

Dieser Mann, der keinen Beruf hat, führte angesehene Geschäftsleute an der Nase herum. Wie er das schaffte? Er ließ sich stets chauffieren und hatte immer Freunde dabei, die für ihn als Anwälte und anderes Personal auftraten. Er tat so, als wolle er Schlösser kaufen, verhandelte über Fußballvereine – er versprach Funktionären, 300 Millionen Franken in den Fußballclub Grashopper Zürich zu investieren – und stieg umsonst in den besten Hotels ab; wo immer es ging, ließ er sich einladen und sogar hohe Geldbeträge schenken. Sein »Gefolge« tat hinter vorgehaltener Hand kund, dass es im arabischen Raum üblich sei, erst einmal Geld zu investieren, bevor dann der große Geldregen einsetzen würde. Doch der Betrug flog auf, dreieinhalb Jahre Haft bekam er im Mai 2012.

Hochstapler täuschen einen höheren gesellschaftlichen Stand oder einen höheren akademischen Bildungsgrad vor, geben sich womöglich als adlig aus oder erfinden sich gleich eine ganz neue Identität! Der Begriff Hochstapler stammt interessanterweise von einem mittelalterlichen Wort, »Stappler«, das einen Bettler bezeichnete. Ein Hochstapler war also zunächst ein Bettler, der sich als in Not geratener vornehmer Mann ausgab, wodurch er Mitleid erregen wollte.

Es gibt in der Geschichte wie in der Literatur und im Film diverse markante Persönlichkeiten, die als Hochstapler zu Berühmtheit gelangt sind. Zum Beispiel Frank W. Abagnale, der bereits mit 19 Jahren als Pilot, Arzt und Rechtsanwalt tätig war, obwohl er tatsächlich nicht einen dieser Berufe je erlernt hat. Seine Lebensgeschichte wurde unter dem Titel *Catch me if you can* bereits mehrmals verfilmt, zuletzt von Steven Spielberg mit Leonardo DiCaprio in der Rolle des jungen Hochstaplers. Nicht nur im Film reichen wenige gut ausgewählte Requisiten und eine angemessene Sprachwahl, um der Rolle als Hochstapler Glaubwürdigkeit zu verleihen.

Ein weiteres bekanntes Beispiel ist Karl May. Dass er über Phantasie und Erfindungskraft verfügte, beweisen seine Bücher. Der 1842 geborene May schlug sich zunächst auch als Hochstapler durch, bevor er erwischt wurde und im Gefängnis zu seiner wahren Berufung, dem Schreiben, fand. Er täuschte unter anderem vor, Augenarzt zu sein, benutzte falsche Namen und scheute sich auch nicht, sich als Mitglied der Geheimpolizei oder Neffe eines Plantagenbesitzers aus Martinique auszugeben. Er wurde eine Zeitlang steckbrieflich wegen Betrugs, Diebstahls und Hochstapelei gesucht. Auch als erfolgreicher Schriftsteller gerieten ihm Realität und Fiktion immer wieder durcheinander; so führte er ab etwa 1875 einen Doktortitel, obwohl er nie zuvor eine Universität besucht hatte.
Zugegeben, als Kind und Jugendlicher war ich nicht der große Winnetou-Fan. Dazu beschäftigte ich mich einfach viel zu gern mit dem Zaubern. Erst die Biographie Karl Mays hat mich gepackt, so viele falsche Leben im wahren!
Hochstapler wie Abagnale und May gibt es häufiger, auch angebliche Ärzte, die außer gefälschten Zeugnissen keine Qualifikationen nachzuweisen haben, geistern immer mal wieder durch Praxen, Kliniken und schließlich durch die Medien. Vor gar nicht langer Zeit wurde der Fall des gelernten Bankkaufmanns Christian E. bekannt, der dreizehn Monate lang als Gefäßchirurg tätig war – ohne abgeschlossenes Medizinstudium. Hochstapler lenken von der eigenen Identität, die sie ja immer nur verdecken, aber der sie sich nicht gänzlich entledigen können, ab. Christian E. vermutete, dass ihm am Ende einer seiner ehemaligen Kommilitonen auf die Schliche gekommen war. Hochstapler müssen ihre Rolle perfekt ausfüllen und ihr Leben danach durchorganisieren, in diesem Sinne kann Hochstapelei eine sehr anspruchsvolle und kunstfertige, wenngleich immer noch kriminelle Tätigkeit sein. Nachträglich ist das oft nicht

einfach zu beweisen, gerade weil die Täuschung besten- bzw. schlimmstenfalls so täuschend echt ist.
Die Aufspaltung in eine falsche sichtbare Person und das Verbergen der wahren Identität ähnelt dem Vorgehen von uns Magiern, die wir ebenfalls immer zwei in einem vereinen: eine Hand im Vordergrund bewegen, während die andere im Hintergrund für den magischen Effekt sorgt. Wahr und falsch lassen sich bei einem gewieften Hochstapler und einem perfekten Magier kaum ausmachen. Sie erfinden beide eine andere Realität, geben mehr vor, als tatsächlich ist, und müssen dabei frechen Mutes sein und über eine überdurchschnittliche Reaktionsschnelligkeit verfügen. Gibt es unter den Hochstaplern auch gefährliche Soziopathen, die keine Skrupel haben, einem anderen Menschen nach dem Leben zu trachten, ist und bleibt der »gemeine« Magier ein Unterhaltungskünstler, der andere erfreuen möchte.

Zauberer am Ball und Künstler im Ring: Ablenkungsmanöver im Sport

Als Magier lenke ich ab, um anderen einen kurzweiligen Abend zu bescheren. Als Basketballer lenke ich ab, um Punkte zu machen. Ich schaffe es wegen meines unsteten Magierlebens nicht mehr, in einem Verein zu spielen, aber ich habe einen Basketball im Auto liegen und werfe ein paar Körbe, wann und wo immer es gerade geht. Oft spiele ich mit Jugendlichen, die mich aus dem Fernsehen kennen. Dann sage ich: »Tricks gibt's nur, wenn ihr mich besiegt!«
Etwa als Zehnjähriger habe ich bereits mit dem Basketballspielen begonnen, und mein Herz schlug nicht nur einen Sommer lang dafür – typisch für mich, wenn mich eine Sache fasziniert.

Ich war damals wie heute ein Riesenfan von Michael Jordan, und nichts ging über das Schauen eines Live-Spiels im TV. Ich erinnere mich noch, wie ich meinen Eltern versprechen musste, gute Noten zu schreiben, um dafür in der Nacht ab zwei Uhr Basketball gucken zu dürfen. Mit guten Noten baute ich dann wiederum vor für die neue Saison.

Insbesondere in den 90er Jahren hatten meine Eltern manch unruhige Nacht. Ich weiß noch, wie ich einmal morgens um fünf Uhr heimlich im Wohnzimmer vor der Flimmerkiste saß und bei einem Korb von Jordan so laut gejubelt habe, dass mein Vater ein ernsthaftes Gespräch mit mir führte und mich überreden wollte, auf Fußball umzusteigen. Hahaha!

Leider habe ich es nicht geschafft, in die USA zu reisen und Jordan live in einem Spiel zu sehen. Nach seinem Rücktritt aus dem Profi-Basketball 1999 war es ohnehin vorbei. Bis ich 2006 zufällig erfuhr, dass Jordan eine Sportstore-Filiale eröffnen und dafür nach Hamburg kommen sollte. Das Problem war nur: Die Veranstaltung war eine Pressekonferenz mit nur 35 geladenen Gästen. Zu der Zeit war ich überregional noch nicht bekannt – dachte ich zumindest – und hatte keine Chance, da irgendwie reinzukommen.

Egal, wenn ich mir einmal etwas in den Kopf gesetzt hatte, dann blieb ich hartnäckig. Und ich wollte Michael Jordan sehen! Ich rief einen Freund an, der in einer Filiale des Stores in Dortmund arbeitete und mir versprach, den Geschäftsführer zu fragen. Aber warum sollte dieser mich einladen? Tja, dem Internet sei Dank! Er kannte eines meiner Guerilla-Videos aus dem Internet und schrieb mich und eine Begleitung auf die Gästeliste. Unglaublich!

Unglaublich war auch der Abend. Zwar ergab sich leider nicht die Möglichkeit, mit Michael Jordan ein Foto zu machen oder gar mit ihm zu sprechen, aber ich war trotzdem selig. Als ich mein Idol in der Menge auftauchen sah, war ich wie versteinert – Pierre macht sich bis heute darüber lustig! Alles, was für mich zählte, war, dass ich ihn live, in natura gesehen und er mir kurz zugelächelt hatte.

Eine Nacht lang über Basketball quatschen, das kommt auch heute noch immer mal wieder vor, am liebsten, wenn ich mich mit dem Basketball-Profi Marco Völler treffe. Eine sehr gute Freundin von mir ist die Schwester seiner Freundin, und so kam es, dass wir uns in den letzten Jahren immer mal wieder begegnet sind und uns angefreundet haben. Marco hat einen sehr guten Humor, und ich freue mich jedes Mal, wenn wir in einer Sportbar zusammen Wings und Burger essen und danach noch ausgehen.

Im Basketball hat er sensationelle Dunkings drauf und tritt sehr kraftvoll auf dem Spielfeld auf. Er spielt mit Herz und hat sicher noch eine große Karriere vor sich. Von ihm habe ich viel über Taktisches erfahren, denn im Basketball wie in der Magie sind Täuschungsmanöver, die den Gegner ablenken und irritieren, bedeutungsvoll.

Bei den sogenannten »Finten«, wie es sie nicht nur im Basketball, sondern auch beim Fußball und Boxen und anderen Sportarten gibt, täuscht der Spieler vor, eine Aktion auszuführen, um den gegnerischen Spieler zu einer Reaktion herauszufordern, die der Spieler dann selbst nutzt, um eine ganz andere Aktion zu realisieren.

In der Praxis sieht das so aus: Ein geübter Verteidiger nimmt im Spielverlauf immer die Körpersprache eines Angreifers wahr, um frühzeitig und angemessen reagieren zu können. Ein Angreifer kann sich dies wiederum zunutze machen, indem er falsche Körperinformationen sendet, er könnte beispielsweise seinen Blick wie zum Abspiel nach rechts wenden, um dann links

durchzubrechen. Der Abwehrspieler ist irritiert, und der Angreifer hat sich einen Zeitvorteil verschafft. Auch ein Anspielen kann man vortäuschen, am besten reißt man dann noch schön die Augen auf, während man zu dem Spieler hinschaut, den man angeblich anspielen möchte, bevor man sich dann blitzschnell abwendet und einem ganz anderen Spieler den Ball zuwirft. Und beim Korbwurf kann eine Finte zum Punkt verhelfen: Der Angreifer täuscht den Wurf auf den Korb nur an, in dem man die entsprechenden Körperbewegungen macht, der Verteidiger springt dann normalerweise reaktionsschnell zum Block hoch, jetzt bricht der Angreifer seitlich zum Korb durch und schließt mit einem Korbleger ab.
Was bei Finten passiert, kann man auch im Kleinen üben. Versuche einmal, mit einem Partner eine gewohnte Bewegungsform unerwartet zu beenden, zum Beispiel den Handschlag bei einer Verabschiedung: Geht aufeinander zu, einer hebt die Hand zur Verabschiedung, lässt diese aber sofort wieder sinken, sobald der Partner reagiert. Man lässt den anderen also bewusst mit seiner Hand ins Leere fassen. Beim Abklatschen kannst du dir nach Antäuschen der Bewegung zum Beispiel durchs Haar streifen. Achtet besonders auf den Moment der Irritation: Für einen Augenblick ist man nicht in der Lage, auf den Bewegungswechsel angemessen zu reagieren.

Im Gegensatz zum Basketball verstehe ich von Fußball nicht viel, das mal vorweg. Dafür versteht mein Manager Tom jede Menge davon. Er ist auch als Sportmanager tätig und kennt viele Fußballprofis, Spielerberater und Trainer persönlich. Immer wenn Tom versucht hat, mich in ein Gespräch über Fußball zu verwickeln, habe ich abgewinkt. Schnellstmöglicher Themenwechsel, bitte! Ich habe schon diverse Einladungen zu herausragenden Spielen ungenutzt verstreichen lassen. Fußball ist einfach nicht mein Ding, obwohl ich sogar mit mehreren Spielern befreundet bin. Zum Glück wollen die nicht ständig über ihren Sport sprechen, sondern sind auch mal froh, wenn einer sie nicht deswegen belabert.

Aber zurück zu Tom und seiner Vorliebe, Gespräche über Fußball führen zu wollen. Vor einiger Zeit, wir fuhren zum Auftakt meiner Show *Inside Magic* nach Stuttgart, fing er wieder mal an: »Hey, Farid, kannst du dich an die Fußball-WM 2006 erinnern?«

Ich dachte, er macht einen Witz, und lachte.

»Kein Scherz. Du wolltest doch wissen, ob ich mich an herausragende Ablenkungsmanöver im Fußball erinnern kann.«

Stimmt, daran hatte ich nicht mehr gedacht. Aber als ich ihm bei der Recherche fürs Buch von den Finten beim Basketball erzählt hatte, da kamen wir darauf, dass es Finten ja auch in den meisten anderen Kampf- und Ballsportarten gibt.

»Na, dann erzähl mal.«

»Also: Fußball-WM 2006. Deutschland – Argentinien, Elfmeterschießen. Es geht um den Einzug ins Halbfinale. Torwarttrainer Andy Köpke steckte dem damaligen Torwart unserer Nationalelf, Jens Lehmann, nach der Verlängerung einen Notizzettel zu, der beim Elfmeterschießen für einen regelrechten Fußballkrimi sorgte. Kurz vor einem Elfmeter der Argentinier zog Lehmann das Papierchen aus seinem Stutzen heraus und schaute einen Moment lang intensiv drauf. Das konnten auch die argentinischen Spieler verfolgen. Und einige der Zuschauer auch. Alle waren gleichermaßen irritiert, denn keiner wusste, was auf dem kleinen Blatt stand und ob überhaupt etwas darauf stand.«

»Und hat man das hinterher erfahren? Wenn da nichts draufstand, dann war das eine geniale Täuschung.«

»Ganz so war es wohl nicht, es standen die spielerischen Eigenarten der einzelnen argentinischen Schützen in Stichworten darauf, also etwa, ob einer einen langen Anlauf nimmt oder eher einen kurzen, ob er eine Vorliebe für die rechte oder die linke Ecke hat, usw. Allerdings traten nicht alle Vorhersagen ein, so dass der wahre Wert des Zettels meiner Meinung nach in dem Moment der Ablenkung steckte.«

»Klar, den argentinischen Elfmeterschützen muss es doch schwergefallen sein, sich auf ihren Elfmeter zu konzentrieren, wenn so etwas Ungewöhnliches passiert. Unbewusste Ablenkung vom Feinsten. Wenn die das wirklich nicht geplant hatten!«

»Nö, das geschah rein zufällig. Aber immerhin haben zwei argentinische Schützen ihren Elfmeter verschossen. Und ich meine, dass Jens Lehmann in einem Interview gesagt hat, dass ihm die Notizen selbst nicht wirklich geholfen haben.«

Diese Aktion von Andy Köpke und Jens Lehmann gefiel mir. Selbst wenn Ablenkung gar nicht die Motivation dafür war, hatte sie doch genau das bewirkt. Man stelle sich die Nervosität der Elfmeterschützen vor und gleichzeitig die Konzentration, die sie aufbringen müssen. So ein Zwischenfall kann einen da ganz schön aus der Bahn werfen.

Immerhin kann auch ich noch mit einer netten Fußballanekdote aufwarten. Zu einer meiner Premierenshows mit vielen geladenen Gästen kamen auch mehrere Fußballspieler, mit denen ich befreundet bin. An diesem Abend war auch Marco Völler mit seiner Freundin da. Nach der Show feierten wir noch ein bisschen, doch dann waren plötzlich fünf der Fußballerfreunde weg, ohne Verabschiedung, einfach verschwunden.

Ich fragte Omar, meinen Kölner Freund, der nicht nur Barbesitzer, sondern auch Spielerberater ist, was los sei – und er antwortete: »Farid, ich weiß ja, du hast nichts mit Fußball am Hut.

Aber wenn du mit all den Fußballern befreundet bist, dann solltest du dir schon merken, bei welchem Verein sie spielen!«
Ich verstand immer noch nicht. »Ja und?«, fragte ich zögerlich.
»Na, die spielen bei Bayer Leverkusen, die haben den Rudi Völler als Manager. Und eben kam heraus, dass der junge Typ, mit dem sie hier fröhlich angestoßen haben, Völlers Sohn ist. Na, da sind die lieber schnell abgezischt, die dürfen im Moment doch gar nicht so lange ausgehen.«
Oje, daran hatte ich wirklich nicht gedacht.

Rudi Völler, also Marcos Vater, ist der einzige Fußballspieler, von dem ich natürlich etwas mitbekommen habe, obwohl ich ihn nicht kenne. Das soll sich jetzt ändern. Dass ich ihn nicht kenne. Denn ich habe einen Termin für ein kleines Interview bekommen und bin im Vorfeld bemüht, mich möglichst gut vorzubereiten, er muss ja nicht sofort merken, dass ich kein Fußballkenner bin.
Der Termin findet in Rudi Völlers Büro statt, von dem ich geplättet bin. Der Ausblick über das Stadion ist gigantisch. Wow! In solch einem Stadion eine Magieshow, das wäre es …
Ich versuche, mich trotz der beeindruckenden Aussicht ganz auf meine Fragen zu konzentrieren, die ich vorbereitet habe. Und ohne viel Smalltalk steigen wir auch gleich ein, denn gerade laufen wichtige Verhandlungen zu Spielereinkäufen, und ich will Herrn Völler nicht unnötig aufhalten.

»In der Magie ist Täuschen alles. Wie wichtig sind Finten im Fußball, Herr Völler?«
Rudi Völler: »Finte, das Antäuschen, das ist sicher in jeder Ballsportart wichtig, natürlich in korrekter Art und Weise. Das gehört zum Erfolg dazu. Es gibt ja wahre Fußballkünstler, nicht nur bei den Profis, die Messis dieser Welt. Es müssen Finten,

Ballgewandtheit und Körpergeschicklichkeit zusammenkommen, und das dann auf ganz hohem Niveau und vor allem mit Tempo – da unterscheiden sich die guten von den nicht ganz so guten Spielern.«

»Und wann werden Finten im Spiel zum Beispiel eingesetzt? Wofür sind sie besonders wichtig?«
Rudi Völler: »Beim Dribbling, beim Tempodribbling zum Beispiel. Also wenn man den Ball am Fuß hat und der Gegner einen belagert, einen hartnäckig verfolgt, einen zudecken will. Dann eine gekonnte Finte, um sich vom Gegner zu lösen. Ein einfaches taktisches Mittel ist auch das Kreuzen vor dem Tor, um Abwehrspieler zu verwirren und freie Räume für ein gezieltes Anspiel zu schaffen.«

»Worauf sollte sich ein Fußballspieler im Spiel konzentrieren? Wovon dürfen, sollten sie sich möglichst nicht ablenken lassen?«
Rudi Völler: »Grundsätzlich, gleichgültig ob in der Champions League, der Bundesliga oder der 10. Klasse Kreisliga, als Fußballspieler darfst du dich niemals von negativen Erlebnissen beeindrucken lassen. Wenn einem etwas nicht gelingt, liegt es meist daran, dass man selbst nicht daran geglaubt hat. Fußball – und viele andere Sportarten auch – spielt sich zu einem großen Teil im Kopf des Spielers ab. Das kennst du sicher auch vom Basketball, Farid. Da ist es ähnlich; wenn ein Spieler die ersten drei Körbe nicht macht, wird er unruhig. Daran, dass sie auch bei einem Misserfolg gleich zu Beginn eines Spiels ruhig und selbstbewusst bleiben, erkennt man die ganz großen Spieler. Aber das ist schwierig, das kann nicht jeder, sein Ding trotzdem durchzuziehen. Man muss eine mentale Stärke haben.«

»Was macht einen Spieler, der das kann, nehmen wir Lionel Messi, so besonders? Er ist ja auch ein Meister der Finten, also der Ablenkung.«
Rudi Völler: »Messi ist das Maß aller Dinge, definitiv, der Unterschied von ihm zu vielen anderen ist der: Was er mit dem Ball am Fuß macht, macht er mit einem enormen Tempo. Unvergleichlich. Das ist der Unterschied zu anderen, die von der Spielqualität her vielleicht gar nicht so weit entfernt sind. Das ist eine ganz große Gabe, die er hat.«

»Was macht einen guten Elfmeterschützen aus?«
Rudi Völler: »Sich nicht von äußerlichen Einflüssen beeindrucken zu lassen und vor allen Dingen nicht auch von einem verschossenen Elfmeter im Spiel davor. Elfmeter ist immer Kopfsache. Man sieht das manchmal schon an der Körperhaltung. Beim Champions-League-Finale im Mai 2012 in München hatte man schon kein gutes Gefühl, wenn man auf Schweinsteigers Körperhaltung geachtet hat, als er angelaufen ist. Er hat dann zwar trotzdem noch recht gut geschossen, aber der Torwart hat den Ball gehalten. Elfmeter ist reine Nervensache, das liegt nicht jedem, und viele gute Spieler wollen es dann nicht wagen, weil es eben auch eine große Belastung sein kann.«

»Ich habe das Spiel gesehen, das Sie meinen.« (Was ich verschwieg, war, dass Pierre das Spiel unbedingt sehen wollte, als wir für eine Show unterwegs waren. Wir waren im Hotel, und er bestand darauf, das Spiel zu sehen. Ich habe mich immer wieder mit meinen Spielkarten beschäftigt und nicht alles mitbekommen, aber den Elfmeter natürlich schon.) »Ich fand es seltsam, dass die Bayern-Spieler sich vor dem Elfmeter gedrückt haben und deshalb auch der Torwart zum Schießen ranmusste. Das kenne ich aus dem Basketball nicht, dass sich ein Michael

Jordan wegduckt, wenn es um etwas Entscheidendes geht. Etwa bei einer Meisterschaft! Es steht unentschieden, noch sechzehn Sekunden zu spielen, Chicago hat den Ball, UND JEDER, ob die beiden Trainer, die Mannschaften, die Zuschauer in der Halle oder am TV, die Kameramänner, selbst die Hotdogverkäufer, wusste, dass der Ball zu Jordan gehen wird, und der traf dann auch! Und das, obwohl sich zum Teil drei oder vier gegnerische Spieler auf ihn stürzten. Aber jetzt komme ich vom Fußball ab.
Wie wichtig ist es denn beim Fußball, sich nicht vom Gegner durchschauen zu lassen? Und wie erreicht man das?«
Rudi Völler: »Mittlerweile ist der Fußball eher gläsern geworden, aber du hast eben das Beispiel vom Basketball gebracht. Jeder weiß, was passiert: Jordan bekommt den Ball. Jeder weiß, was dann passiert: Er macht den Korb. Und keiner der Gegner kann es verhindern, obwohl sie sogar wussten, was passieren würde. Selbst wenn du alles über die gegnerische Mannschaft, über jeden Spieler weißt, du kannst einen Korb, ein Tor deshalb nicht unbedingt verhindern. Da muss man sich auch als Trainer klar drüber sein, du musst dich immer auf die gegnerischen Spieler und die Mannschaft vorbereiten, auf Stärken und Schwächen, aber trotzdem kannst du es nicht hundertprozentig vermeiden, dass du einen reinkriegst. Sonst würden die Spiele ja auch alle null zu null ausgehen.« (Er lacht.)

»Welche Spielszenen in der Vergangenheit waren für Sie großer Ballzauber?«
Rudi Völler: »Barcelona spielt unbestritten den schönsten und attraktivsten Fußball. O Mann, haben wir bei der letzten Champions League alle gelitten, als Chelsea gegen Barcelona weitergekommen ist. Man will, dass Barcelona weiterkommt. Ihnen zuzuschauen ist großer Genuss.

Aber die Faszination Fußball zeigt auch genau an diesem Beispiel: Chelsea hat zweimal aufs Tor geschossen, die Spieler vom FC Barcelona fünfunddreißigmal. Und Chelsea kommt weiter. Im Spiel gegen die Bayern war das ähnlich. Die holen ›unverdient‹ – also in Anführungsstrichen, denn unverdient gibt es ja nicht, Fußball ist nun mal ein Ergebnissport – den Titel. Obwohl Bayern München und Barcelona besser spielen. Genau aus diesem Grund rennen die Leute alle in die Stadien oder schauen zu Hause zu: weil es spannend ist. Das ist die Faszination. Vieles ist scheinbar vorhersehbar, aber alles ist möglich!

Vielleicht ist das ein Unterschied zu anderen Ballsportarten. Basketball, Handball, Volleyball, auch teilweise zum Eishockey. Sieht man auch am DFB-Pokal, da kann Bayern München gegen einen Fünftligisten verlieren. Das geht in anderen Sportarten nicht so einfach! Eine gute Basketballmannschaft wird nicht gegen eine schlechte Basketballmannschaft verlieren. Das geht nicht! Im Handball auch nicht! Dieser Überraschungseffekt, den es im Fußball gibt, ist in anderen Ballsportarten viel geringer. Da weiß man meist vorher schon mehr oder weniger, in welche Richtung das Spiel läuft.«

»Aber impliziert das nicht, dass die stärkere Mannschaft stark im Angriff und die schwächere schwach im Verteidigen ist? Und somit dann die stärkere gewinnen müsste?«

Rudi Völler: »Schon, aber es gibt taktische Mittel, wie man es der überlegenen Mannschaft so schwermacht, ein Tor zu erzielen, dass das Spiel dann nicht so ausgeht, wie es die Experten voraussagen. Mit taktischen Grundeinstellungen, also wie ein Trainer seine Mannschaft einstellt, um den anderen das Leben so schwer wie möglich zu machen, kannst du dagegen arbeiten. Und dann zählen nur die Tore!«

An diesem Punkt waren wir zwar endlich wieder bei meinem ursprünglichen Thema angekommen, aber auch am Ende des Interviews. Was soll's: Ich hatte ein Exklusiv-Interview mit einem der beliebtesten Fußballer Deutschlands. Ach was, nicht einem: »Es gibt nur ein' Rudi Völler!«

Übrigens der gewiefteste und witzigste Meister der Ablenkung im Sport ist für mich ein American-Football-Spieler, den ich in einem Video im Internet gesehen habe. Er trug als Angreifer den Ball in aller Seelenruhe durch die Spielerreihe der gegnerischen Mannschaft, um dann nach einem plötzlichen Spurt in der Endzone seinen Punkt zu machen. Warum hinderte den Football-Fußgänger niemand, warum jagte ihm keiner den Ball ab? Weil die Spieler der Defensive nicht durchschauten, was da vor sich ging. Sie waren auf einen schnellen Angriff konzentriert, die unerwartete und unübliche Bewegung des Angreifers ließ sie erstarren. Und bis wieder Leben in sie kam, war der Ballbesitzer schon längst auf der Zielgeraden zum Touch Down.

Die Kunst der Täuschung – mal geliebt, mal gehasst

Um über das Thema Ablenkung noch mehr herauszufinden, habe ich ein paar ganz spezielle Meister der Täuschung zu einem Gespräch getroffen. Zwei von ihnen sind TV-Urgesteine, die sich in der Öffentlichkeit nicht nur Freunde gemacht haben, denn das Spiel mit der Täuschung ist hochemotional. Und das ist in der Unterhaltungsbranche das Beste, was dir passieren kann.
Und dann habe ich einen wirklich »bösen« Meister der Ablenkung sprechen können, einer, der durch seine kriminelle Täuschungskunst erstaunlich beliebt wurde und viele Fans im ganzen Land gewann. Mich auch.

Der ehrliche Betrüger: Salvatore, der Hütchenspieler

Ich treffe Salvatore an einem der ersten warmen Sommerabende in diesem Jahr und bin sehr gespannt, was für einem Menschen ich begegnen werde, schließlich kenne ich ihn bislang nur aus seiner sehr erfolgreichen Minisendung auf RTL Plus, *Pronto Salvatore,* in der er stets mit Sonnenbrille und Mafia-Look auftrat. Salvatore ist der Künstlername von Franco Campana, der vor seiner TV-Karriere Kunst studierte und seit einigen Jahren vorrangig wieder als bildender Künstler arbeitet. Sein Look und der starke italienische Akzent waren schon bald sein Markenzeichen: »Bin isch 'eute aufgestanden, 'abe 'ose angezogen, und was 'abe isch gefunden? Viel Geld. Das möschte isch loswerden.«

Der Ablauf des Spiels war immer gleich. Sobald ein Anrufer durchkam: »*Pronto,* Salvatore, wer is' da?«

»Hallo, hier ist Sabine.«

»*Ciao,* Sabine, siehs' du den Schein, den kanns du gewinnen. *Avanti.*«

Drei Nussschalen liegen auf rot-gelb-blauem Stoff, Salvatore legt eine kleine Kugel unter die mittlere Nussschale auf Gelb, und schon schiebt er die Schalen hin und her, während er mit der jungen Frau spricht. »Gut aufpassen, *ragazza,* damit du die Kugel nich' aus de' Augen verlierst.«

Und schon ist wieder je eine Nussschale auf einer Farbe plaziert. »Sabine, unter welche Nuss is' die Kugel?«

»Rot.«

»Rot. Rot. Imme' wolle' alle Rot. Warum? Is' leer. Nimm andere Farbe. Wills' du?«

»Nein, ich bleibe bei Rot.«

»Schade, siehs' du, nix. Is' leer, die Schale. 'ab ich doch gesagt. Muss' du noch mal anrufen. *Ciao, ragazza.*«

Als Salvatore beim vereinbarten Treffpunkt auf mich zukommt, ist mir sofort klar, dass das ein kurzweiliger Abend wird. Kaum sitzen wir eine halbe Stunde zusammen, überlegen wir bereits im Scherz, mit welchen Tricks wir gemeinsam eine Bank ausrauben könnten. Aber zuerst einmal erzählt er von der Zeit in den späten 80er Jahren, als er der bekannteste Hütchenspieler Deutschlands wurde.

»Salvatore war ein Berufsunfall«, sagt er und lacht. »Ich kannte einen Fernsehproduzenten und hatte ihm schon ein paarmal Ideen für den Showbereich geliefert. Diesmal brauchten sie ein Ratespiel, etwas mit Fragen oder ein Quiz, für die Werbepausen, also ein Programmfüller sozusagen. Da dachte ich an meine Taschenspielertricks mit drei Bierdeckeln, die ich gern mal in einer Bar vorführte. Ich bin noch am selben Tag in einen Zauberhandel, um für vierzig Mark ein kleines Tütchen mit drei Nussschalen, einer Kugel und einer Beschreibung zu kaufen.«

Das sollte die beste Investition seines Lebens werden, erzählte er weiter: »Ich ging nach Hause und lernte das Kunststück in fünf Minuten. Sogar die Rechnung wurde mir zurückerstattet!«

Franco Campana stellte sich also beim Sender vor und wurde prompt genommen. »Ich dachte mir, okay, ein, zwei Wochen im TV, dann kann ich sagen, ich war mal im Fernsehen!«

Am 28. August 1988 ging Franco Campana nach einem Glas Grappa um Punkt 16 Uhr live und ohne jegliche Probe auf Sendung – und wurde vier Tage später wieder abgesetzt!

»Die Requisite hatte meine Bedingungen nicht erfüllt. Somit musste ich mich zu sehr auf die Tricktechnik und weniger auf die Präsentation konzentrieren, und noch dazu redete ein Moderator die ganze Zeit dazwischen. Drei Tage später lief mir der Unterhaltungschef über den Weg und fragte: ›Wie war es heute?‹ Ich antwortete: ›Ich bin nicht mehr auf Sendung!‹ Der war schockiert und schrie richtig rum: ›Wer hat mich übergangen?

Wie soll er es lernen, wenn man ihn nicht auf Sendung lässt!‹ Dann gab es ein internes Rundschreiben, dass ich mindestens einmal am Tag auf Sendung gehe, und es solle alles nach meinen Wünschen umgesetzt werden. ›Verbleibe ohne Gruß‹ stand darunter.«

Und jetzt kreierte er endgültig die Kunstfigur Salvatore, bastelte sich seine Requisiten selbst und konzentrierte sich voll und ganz auf die Präsentation: Brille, Anzug, Akzent, italienische Polizeisirene (diese stoppte, wenn die Zeit rum war) – das waren alles seine eigenen Ideen.

Die Sendung lief länger als vier Tage und auch länger als zwei Wochen, sie lief mehrere Jahre, und es gab schon bald 400 000 Anrufe pro Auftritt. Leider gab es noch keine 0190er-Nummern, dann hätte »Salvatore« wahrscheinlich Millionen umgesetzt, denn die Post beschwerte sich ständig beim Sender, weil ihr jedes Mal während der Sendung das Leitungsnetz zusammenbrach.

Für mich war Salvatore schon als Kind ein Meister der Ablenkung, und genau dazu wollte ich jetzt mehr wissen. Dass er den Telefonkandidaten und die Zuschauer verbal ablenkte, war klar. Und natürlich auch durch seine Rolle. Er galt als der Mafioso, der Geld abzockt. Er konnte noch so oft den Tipp geben, dass die Kugel nicht unter der ausgewählten Schale ist, und dem Kandidaten anraten, eine andere zu wählen. Die meisten trauten ihm nicht.

»Ach, Farid, das Spiel war einfach! Ich sagte zum Beispiel: ›Schau mir nix in die Augen, sondern auf die Nüsse.‹«

Jetzt musste ich auch laut lachen, ja, der Offbeat, der schafft die beste Ablenkung und zudem Stimmung.

Selbst wenn man die richtige Nussschale fixiert, ist man abgelenkt und bekommt die Fingertechnik nicht mit, mit der die Kugel scheinbar unsichtbar unter eine andere Nuss gerollt wird.

Und Salvatores Hände waren immer in Bewegung, blitzschnell, da bekam man nicht alle Bewegungen und Griffe mit, das war schlichtweg zu viel fürs Auge.
Ich erinnere mich selbst noch an eine Szene, als er ein Baby im Hintergrund eines Anrufers hörte und fragte: »Aäähhh, wer bist du? Isch möchte mit di' spielen. Wasa machstda du beruflisch?«
Salvatore war und ist witzig und schlagfertig, die besten Voraussetzungen für einen Meister der Ablenkung. Er nennt das Zusammenspielen »eine momentane zwielichtige Partnerschaft« und freut sich über die gute Beschreibung, die er gefunden hat. Er erklärt mir, dass er selbst nicht gedacht hätte, dass die Sendung so erfolgreich wird. Er dachte, das ist doch eigentlich ein langweiliges Spiel, wenn man es immer wieder macht. Aber es baute sich eine spannende Dreierbeziehung auf, zwischen Salvatore, dem jeweiligen Mitspieler und den vielen Fernsehzuschauern. Die Nüsse waren sozusagen das Bindeglied. »Und die Mitspieler in der Show waren Kanonenfutter, um die eine Million Zuschauer zu befriedigen.«
Und dann frage ich Salvatore, ob es ihm leichtgefallen ist, die Leute zu täuschen, abzuzocken. Und auch hier erhalte ich eine ehrliche und wortspritzige Antwort: »Ich zwinge Menschen zu ihrem Glück! Ich lasse sie einen magischen Moment erleben und demonstriere ihnen ihre Grenzen: Jeder denkt doch: *Mir würde so etwas nicht passieren – mit mir geht so was nicht!* Im Nachhinein sind alle ein bisschen beschissen worden. Aber das sage ich ja auch von vornherein! Der wichtige Unterschied war, dass niemand sein eigenes Geld verloren hat. Der Mitspieler hat, wenn überhaupt, gewonnenes Geld verloren. Somit ist doch alles harmlos geblieben.«
Später erzählt er mir noch, wie er einmal selbst unbedingt gewinnen wollte. Das war nicht bei einem Fernsehauftritt, sondern

bei einem Treffen mit seinem zwei Jahre jüngeren Bruder, einem erfolgreichen Restaurantbesitzer, der seinen künstlerischen Werdegang nie hatte verstehen können. Sie hatten richtig Streit und Funkstille gehabt, sich dann aber endlich wieder getroffen, um die Fehde beizulegen. Und dann sagte der Bruder, der wohl selbst eine ausgeprägte Vorliebe für Karten- und Glücksspiele hat: »Du kannst es ja nur im Fernsehen, Franco! Live geht es gar nicht!«

Als ich das hörte, musste ich laut lachen, denn ich selbst kenne diesen Satz nur zu gut.

Salvatore alias Franco antwortete: »Okay, Bruder, jetzt kann ich mitgehen. Fünf Mark das Spiel!«

»Farid, so leicht habe ich in zehn Minuten keinen Fuffi mehr verdient«, grinst Campana. Nur um dann ernst hinzuzufügen: »Mein Bruder wollte immer zu mir aufsehen, dieser Moment war endlich gekommen.«

Zum Schluss will ich noch wissen, wie er damals auf böse Kommentare reagiert hat, und er erzählt, dass ihm mal jemand geschrieben habe: »Du hast mich beschissen.« Da habe er ihm zurückgeschrieben: »Ja genau! Es ist mein Job, ich verliere meine Lizenz als Zocker, wenn ich es nicht tue! Ich bin ein ehrlicher Betrüger.«

Meister des Zonks: der Moderator Jörg Draeger

Jörg Draeger und den Zonk, die kennt man. Auch wenn man die TV-Spielshow *Geh aufs Ganze,* die erstmals 1992 auf SAT 1 lief, nur im Vorbeizappen gesehen hat. Mit Jörg Draeger, den ich ebenfalls für einen Meister der Ablenkung halte, wollte ich mich unbedingt auch über seine Tricks unterhalten. Er weilte allerdings gerade in Spanien – übrigens sein Geburtsland –, als ich ihn um ein Gespräch bat, so dass wir telefonierten. Und wieder habe ich viel gelacht und viel erfahren. Langsam fing es an, mir richtig Spaß zu machen, Moderatoren, Erpresser und Sportler für mein Buch zu interviewen.

Nun vorweg mal kurz das Wichtigste zur Show, wenn du Sie nicht kennst: Der Moderator Jörg Draeger wählte bei *Geh aufs Ganze* die Mitspieler aus dem Studiopublikum selbst aus. Der jeweilige Zuschauer hatte dann die Möglichkeit, eines von drei Toren – oder eine von drei Kisten oder einen von drei Umschlägen – zu wählen. Hinter mindestens einem Tor verbarg sich ein großer Gewinn. Jörg Draeger versuchte, die Kandidaten bei ihrer Entscheidung zu irritieren und zu beeinflussen, indem er ihnen vermeintliche Tipps gab oder Geldbeträge bot, wenn sich der Kandidat anders entschied oder gar das Spiel abbrach. Als Trostpreis gab es jeweils die rot-schwarze Stoffmaus namens Zonk, begleitet von einer grässlichen Fanfare. So weit der Kern des Spiels.

Als ich Jörg Draeger am Telefon habe, bin ich zuerst einmal baff, weil man schon bei den ersten Sätzen merkt, dass er sich im Vorfeld richtig Gedanken gemacht hat. Und so sind gleich ein paar Fragen meinerseits mit der ersten Antwort erledigt. Vielleicht liegt es auch daran, dass Jörg Draeger gerade wieder auf dem Jakobsweg unterwegs ist und man dort anscheinend besonders aufgeräumt und weitsichtig daherkommt.

Jörg Draeger erzählt mir also, worin das Geheimnis seiner Ablenkungsmanöver lag. Zum einen wählte er die Mitspieler mit Bedacht aus; zum anderen wusste er immer ungefähr, welcher Preis sich wo befand. »Das war außerordentlich wichtig für meine Präsentation. Das war auch kein Geheimnis, dass das so war. Weißt du, Farid, die Zuschauer mussten selbst einschätzen, ob ich es gut mit ihnen meinte oder nicht. Das gehörte zum Spiel.«

Wie ich als Magier muss auch ein Moderator das Talent besitzen, Menschen, die er nicht kennt, in kurzer Zeit einschätzen zu können. Und Jörg Draeger kann das, keine Frage. Er erzählt mir, dass er bei seinen Kandidaten auf vieles geachtet habe, auf die Atmung, die Stimme und den Gesichtsausdruck etwa. »Flüstert er, zittert er, kaut er nervös auf den Lippen ... Ich habe dann damit gespielt, zwischen Tränen und Freude, zur idealen Unterhaltung der Zuschauer. Nach dem Motto: Benefiz ist gut, Häme ist besser.«

Ich hake nach: »Fiel Ihnen das denn leicht, die Zuschauer auf die falsche Fährte zu locken?«

Er gibt zu, dass es am Anfang viele Momente gab, in denen es ihm schwerfiel, jemanden gezielt verlieren zu lassen. »Einmal berichtete eine Kandidatin von ihrer bevorstehenden goldenen Hochzeit und dass sie sich einen Urlaub wünsche. Was machst du da? Ich sagte dann zu der alten Dame: ›Bitte nennen Sie mir eine Zahl zwischen eins und zehn.‹ – ›Neun.‹ – ›Neun? Stimmt! Bitte schön, hier die Reise.‹ – Damit war die gute Tat abgehakt, und es konnte weitergehen. Ich denke, mein ehrlicher Umgang mit den Zuschauern, das hat den Erfolg ausgemacht. Ich hab eben auch dazu gestanden, dass ich Leute verlieren lasse, da war ich auch ehrlich. So kamen manche Zuschauer immer und immer wieder. Ich bin und bleibe ein Ruhrpott-Charakter, einer, der knallhart sagt, was er denkt, aber ich haue nicht untern Gürtel. Im Gegenteil.«

Nun berichtet mir Jörg Draeger von den ungeschriebenen Anstandsregeln, die er für seine Sendung hatte. Einer, der Kaugummi kaute, kam gar nicht erst dran oder flog sogar aus dem Studio. Wenn jemand unhöflich war – es gab hin und wieder Männer, die ihre Frauen vor laufender Kamera beleidigten –, sagte er: »Hier sind hundert Euro, hau ab oder spiel weiter, und ich mach dich fertig.« Spielte der Typ dann weiter, rastete das Publikum aus, und die Stimmung im Studio kochte.

Tricks, den Kandidaten unsicher zu machen und dadurch die Spannung zu steigern, gab es viele. Zeigte ein Kandidat zum Beispiel auf den Umschlag, in dem der Hauptgewinn steckte, lenkte Draeger ihn ab und hielt ihm fünf Hunderter vor die Nase. Wollte der Kandidat trotzdem den Umschlag, gab ihm Draeger das Geld direkt in die Hand. »Er soll das Geld fühlen, in seinen Händen halten. Das macht ihn schwach.« Dadurch wurde es für den Kandidaten schwieriger, das Geld abzulehnen und auf dem Umschlag zu beharren.

Auch bei den Umschlägen verwirrte Draeger die Mitspieler, wenn er ihnen einen Umschlag in die Hand drückte und sagte: »Und, fühlen Sie was?« Was sollten die Kandidaten fühlen? Das gedruckte Wort »Zonk«? Nein, Verwirrung. Unsicherheit. Bis sie sich umentschieden – und entweder Glück hatten, weil Jörg Draeger sie mochte und ihnen zum Auto oder zu einer Reise verhalf, oder Pech, weil sie nur den Zonk bekamen.

»Aber wir haben nie manipuliert! Ich habe dem Studiopublikum vor der Show immer gezeigt, dass es keine Drehbühnen oder Ähnliches gibt! Manchmal so lange, bis Zuschauer riefen: ›Is' gut, Junge, wir glauben dir doch.‹«

Obwohl er ein Meister der Ablenkung ist, sieht Jörg Draeger sich selbst nicht als Schauspieler: »Ich bin null Prozent Schauspieler! Ich kann in bestimmten Momenten schauspielern, kann es jedoch nicht jederzeit abrufen«, erklärt er mir. Aber er beschreibt mir auch, wie er seine Stimme eingesetzt hat: »Ich benutzte absichtlich das große Handmikrophon anstatt moderner unkomplizierter Ansteckmikros. Oft musste ich mir das sogar unter die Achseln klemmen, um die Hände frei zu haben. Aber ich setzte es ein, um meine Stimme besser isolieren zu können oder auch schmeichelnder klingen zu lassen.« Und so konnte er mit dem Kandidaten sprechen, ohne dass es über das Mikrophon übertragen wurde. Schauspielerei mag es nicht sein, aber das Talent, das auch Schauspieler haben müssen: Aufmerksamkeit zu lenken.

Ein weiteres Merkmal, das Jörg Draeger mit uns Magiern – und sicherlich mit allen Menschen, die etwas vor Publikum vortragen – gemeinsam hat, ist seine Spontanität. »Einmal war ich fest davon überzeugt, dass sich im Tor 3 ein Elektronikpreis im Wert von etwa 1500 Euro verbarg. Und in Tor 1 und Tor 2 jeweils ein Auto. Ich versuchte, alle drei Kandidaten auf das dritte Tor zu lenken. Als ich merkte, dass zwei Kandidaten anbissen, sagte ich: Das geht nicht. Kandidat eins hat schon Tor 3! Regie, können wir eine Ausnahme machen und Tor 3 zweimal rausgeben?«

Im weiteren Verlauf brachte er sogar Kandidat drei noch dazu, Tor 3 zu wählen. Draeger tat so, als wäre es die absolute Ausnahme und würde nun alle drei ins Messer laufen lassen – na ja, immerhin ein Preis und kein Zonk. Da öffnete sich Tor 3, und ein Auto stand darin! Der Preis musste dreimal vergeben werden!

In der nächsten Sendung kündigte Jörg Draeger an: »So, meine Damen und Herren, wenn Sie gesehen haben, was in der letzten Sendung passiert ist, dann werden Sie sich nicht wundern, was ich jetzt ankündige: Diese Woche geht nichts mehr raus! Versuchen Sie dennoch Ihr Glück!« Mehr Spannung im Spiel geht nicht.

Als ich mit Jörg Draeger noch einmal über die Parallelen zur Magie spreche, hat er eine ganz klare Vorstellung von beiden Berufen: »Du bist ein professioneller Verführer der Realität, Farid. Du kannst die Leute im Unwissen lassen und faszinierst vielleicht genau deshalb. Es umgibt dich etwas Glamouröses, wenn du eine Bühne betrittst, egal, wer da unten sitzt. Ich hingegen bin nichts ohne mein Publikum.«

Wenn es je einen Meister der Ablenkung gegeben hat, dann Dagobert. Ich weiß noch heute, wie aufgeregt ich jedes Mal war, wenn der Kaufhauserpresser wieder einmal für Schlagzeilen gesorgt hatte – das war Ende der 80er, Anfang der 90er. Wenn ich von der Schule heimkam, fragte ich oft meine Mutter als Erstes: »Haben sie ihn?« Ich verpasste keine Meldung in den Nachrichten und las sogar die Zeitung meines Vaters, noch bevor er sie aufschlagen konnte. Dagobert führte Polizei und Wachleute dermaßen in die Irre – Geldübergaben platzten, Bomben gingen in die Luft –, dass der Fall zum aufwendigsten und längsten Erpressungsversuch in der deutschen Kriminalgeschichte wurde.
Als ich Jahre später das erste Mal in Berlin war, um *Street Magic* zu drehen, musste ich natürlich zum Kurfürstendamm und ins KaDeWe. Das war eins meiner persönlichen Berlin-Highlights, und zwar nicht deshalb, weil ich shoppen wollte. Ich sprach die Sicherheitsbeamten in der Nähe des Eingangs an und fragte scheinbar naiv: »Ist hier das Kaufhaus, in dem Dagobert seine Bombe hat hochgehen lassen? Hat er hier jahrelang alle zum Narren gehalten?« Mann, waren die angepisst!
Die persönliche Begegnung mit Arno Funke, alias Dagobert, war also schon lange ein Wunsch von mir. Ich wäre beinahe schon einmal in das Theaterstück gegangen, in dem er mitspielte, nur um ihn zu sehen, aber dann kam ein eigener Auftritt dazwischen, und es passte nicht. Als ich anfing, an dem Buch zu arbeiten, kam ich wieder auf Dagobert zurück und versuchte einfach, einen Interviewtermin zu bekommen. Es klappte!

Zum Termin warte ich in seinem Lieblingsbistro auf dem Kurfürstendamm auf Dagobert. Er ist fünfzehn Minuten über die

Zeit, aber ich bin sicher, dass er mich nicht versetzt, obwohl das Treffen über meinen Manager verabredet wurde und nicht von mir persönlich. Ich wechsle noch einmal den Tisch, damit mein Gepäck niemanden stört – in zwei Stunden muss ich schon wieder am Flughafen sein –, und ich versuche, alle Eingänge im Blick zu haben. Zur Not ist seine Handynummer in meinem iPhone gespeichert. Dagoberts Handynummer!
Ich warte noch immer. Jetzt ist über eine halbe Stunde vergangen. Auf dem Telefon habe ich schon vor einer ganzen Weile seine Nummer aufgerufen, ich will aber auch nicht drängeln. Dann wähle ich doch. Hey, kann es sein, dass ich aufgeregt bin? Das kenne ich normalerweise nicht. Es macht mir einfach Spaß, mich vor Hunderten von Zuschauern auf der Bühne zu präsentieren. Aber das ist eine ganz andere Situation, und es ist nicht irgendjemand, den ich da treffen soll, es ist DAGOBERT, einer der größten Helden meiner Jugend.

Arno Funke erpresste im Jahr 1988 das KaDeWe in Berlin um 500 000 Mark. Eine Bombe, die am 10. Mai zur Nachtzeit detonieren sollte, versagte jedoch. Auch die Geldübergabe scheiterte. Eine zweite Bombe etwa vierzehn Tage später detonierte und richtete erheblichen Sachschaden an. Die zweite Geldübergabe war erfolgreich.
Das Geld reichte bis 1992. Arno Funke litt an Depressionen und stand kurz vor einem Suizid. Für ihn der einzige Lösungsweg: eine weitere Erpressung. Mit der Erfahrung, dass Geld weniger leicht zu erpressen als auszugeben ist, verlangte er vom Karstadt-Konzern zuerst eine Million, später 1,4 Millionen Deutsche Mark. Eine Kleinanzeige, die er zur Bereitschaft der Übergabe mit den Worten »Dagobert grüßt seine Neffen« drucken ließ, war für die Medien Vorlage für den Spitznamen. Es folgten fünf Bombenanschläge und ein Brandanschlag, bei dem

zwei Menschen leicht verletzt wurden. Spätestens jetzt waren alle von der Ernsthaftigkeit seiner Forderungen überzeugt.

Als sich Arno Funke am anderen Ende der Leitung meldet, sage ich höflich, dass ich in dem verabredeten Bistro sitze und nicht sicher bin, ob ich am richtigen Ort warte. Es stellt sich heraus, dass er eine andere Zeit notiert hat als ich, aber er wohnt um die Ecke und beeilt sich. Zehn Minuten später erkenne ich ihn sofort. Er kommt mit einem verschmitzten Lächeln auf mich zu, und wenn ich nicht so viele andere Dinge im Kopf gehabt hätte, wegen des bevorstehenden Gesprächs, ich hätte jetzt schon geahnt, dass ich meinen Flieger verpassen werde.

Ich frage, ob ich unser Gespräch aufnehmen dürfe, und er antwortet, dass er sich seit seiner Festnahme daran gewöhnt habe, dass Gespräche mit ihm aufgezeichnet werden. Wir lachen, das Eis ist gebrochen.

Wir reden bei einem Kaffee darüber, wieso ich auf ihn gekommen bin und dass mich seine Ablenkungsmanöver bei der ganzen Erpressungsgeschichte am meisten interessieren. Schließlich sind Rauchwolken und andere Pyroeffekte, wie er sie initiiert hat, auch bei Magiern beliebte Mittel zur Ablenkung. Und er hat Dinge anders erscheinen lassen, hat vorgetäuscht, an zwei Orten gleichzeitig zu sein. Hallo? Wer ist hier der Magier?

Während ich das denke, sagt Arno Funke: »Ich hab mir tatsächlich oft gedacht, ich hätte Zauberer werden sollen, bei den ganzen Illusionen, die ich so geschaffen habe. Aber die Pyroeffekte waren eigentlich nur Chinaböller, dafür die größten, die ich bekommen konnte.« Er lacht.

Mir kann er nichts vormachen, ich weiß aus seiner Biographie, die er im Jahr 2000 veröffentlicht hat, dass er bereits als Kind mit Elektronik- und Chemiebaukasten hantiert und mit selbstgemixtem Schwarzpulver Versuche unternommen hat, um Raketen steigen zu lassen. Ich erinnere ihn an seinen ersten Geldübergabe-Plan, für den er eine batteriebetriebene Seilwinde gebaut hatte, die er auf dem Grund eines Gewässers befestigen wollte. Wenn ich mich recht erinnerte, sollte ein wasserdichter Elektromotor eine Kabeltrommel antreiben, die eine Litze aufwickelt, an deren Ende der Übergabebehälter befestigt war, der wiederum an einem Bootssteg befestigt sein sollte ... Es gab eine feine Konstruktion, die dem Geldboten vortäuschen sollte, dass der Behälter mit dem Geld unter Wasser zum gegenüberliegenden Ufer gezogen wurde. In Wahrheit wollte Dagobert den Behälter zur Seite führen und am Grund des Gewässers deponieren, bis er ihn abholen käme. Welch ein magischer Plan! Das Verschwinden eines geldbefüllten Behälters mittels Ablenkung im wörtlichen Sinne!

Aber Arno Funke ist zu bescheiden, um vor mir mit solchen Ideen und technischen Meisterplänen zu glänzen. Er lehnt auch dankend ab, als ich ihn frage, was er noch trinken und ob er vielleicht etwas essen möchte. Nicht mal einen zweiten Kaffee bestellt er, obwohl wir uns inzwischen eine Stunde lang angeregt miteinander unterhalten. Meinen Flieger lasse ich allein losfliegen. Ich will gern mehr erfahren über diesen Menschen, dessen Ideen und Konstruktionen so viel Ähnlichkeit haben mit solchen, wie wir Magier sie entwickeln.

Da wäre zum Beispiel das »automatische Funkgerät« am Rande eines Parks, das er an einem Baum befestigte und erst mit Styropor umhüllte, später mit einem Holzkasten, um es wie einen Aststumpf bzw. Holzpfahl aussehen zu lassen.

Oder die Sache mit der Streusandkiste: »Auf die Idee mit einem ›doppelten Boden‹ unter einer Streusandkiste war ich im April 1993 nach einem heiteren philosophischen Gespräch mit einem

Freund gekommen. Wir hatten uns darüber unterhalten, dass vieles im Leben einfach nur Illusion sei. Und dass das Geschäft von Politikern, Schauspielern, Heiratsschwindlern, Schönheitschirurgen und Zauberkünstlern das Täuschen ist und ihnen die menschliche Wahrnehmung dabei noch entgegenkommt. Die meisten sehen und hören doch sowieso nur, was sie auch sehen und hören wollen. Und dann stellte ich mir vor, wie ich die Polizei bei der nächsten Geldübergabe wie ein Zauberkünstler überraschen würde.« Er grinst mich an.
Dann erzählt er weiter: »Nur bei den Geldübergaben kreuzte mein Weg den der Polizei. Wenn du dir das in Linien denkst, dann ging es darum, den Schnittpunkt unkenntlich zu machen. Und ich kam auf die Idee, dass wir uns auf verschiedenen Ebenen befinden könnten, ich unten, die Polizei oben. Eine Kiste mit doppeltem Boden, wie bei einem Zauberkunststück. Und dann kam der Geistesblitz: eine Streusandkiste! Den Polizisten würde so eine Kiste niemals verdächtig vorkommen. Denn die würden nicht damit rechnen, dass ich unter der Kiste im Kanalsystem hocke. Mich hat diese Idee wie elektrisiert, kannst du dir das vorstellen, Farid?«
Und ob ich das konnte, solch eine komplexe und spannende Aufgabe, das war wie bei meinen Ideen. Als ich einen Passanten schweben und verschwinden lassen wollte, habe ich auch wie besessen an der Lösung gearbeitet.
Arno Funke fuhr damit fort, dass er fieberhaft nach dem passenden Ort suchte. »Ich fand ihn endlich, einen Regenwasserkanal in einer Neubausiedlung in Gropiusstadt. Und auch einen Kanaldeckel am Rande eines begrünten Parkplatzes, das Verbindungsstück zwischen unten und oben. Der Boden um den Deckel herum war aus Beton, alles perfekt. An einem Freitagnachmittag besorgte ich mir Schubkarre, Fertigbeton, Schaufel, Eimer, Besen und Absperrband und bin wie ein Bau-

arbeiter gekleidet wieder dorthin. Den Kanaldeckel ersetzte ich durch einen selbstgefertigten aus Holz, den ich von unten leicht öffnen konnte. Ich füllte, wo nötig, kleine Steinchen auf und gab eine dünne Schicht angerührten Beton darauf, das Wasser hatte ich mir praktischerweise und unbemerkt bei einer nicht weit entfernten Baustelle besorgen können.
Am nächsten Tag war ich wieder Kunde in einem Baumarkt und zimmerte danach die Streusandkiste, am Boden mit einer Klappe versehen, die mit einem Schraubendreher leicht zu öffnen war. Auf alt getrimmt, sah sie wie jede andere leicht verwitterte Streusandkiste aus. Mit mehreren Säcken Granulat und einem Miniempfänger lud ich sie in meinen Transporter und fuhr erneut zu der kleinen selbstangelegten Baustelle. Weil der neue Beton deutlich heller aussah als der Rest, kehrte ich etwas Erde darüber, Problem gelöst, Streusandkiste mit Granulatfüllung darauf und fertig.
Ich ließ nicht viel Zeit vergehen und schickte meine ersten Anweisungen für die neue Geldübergabe an den Karstadt-Konzern. Und bald darauf stapfte ich durch die unterirdischen Kanäle zu meinem Kanaldeckel aus Holz. Die Präsentation der Illusion hatte begonnen. Mit Hilfe eines Funkmikrophons konnte ich hören, wenn sich in der Kiste etwas tat. Ich musste nicht lange warten.
Du, ich dachte schon, prima, hat alles geklappt, und schlug mit einem Hammer gegen die zwei Zentimeter dicke Betondecke. Das war eindeutig zu laut. Ich war selbst erschrocken darüber. Und dann hörte ich wieder ein Buddeln in der Kiste und bin weggerannt. Durch ein paar feuchte Gänge. Als längere Zeit alles still war, bin ich zurück. Und diesmal habe ich die dünne Betonschicht mit dem Kopf und den Schultern eingedrückt.«
Jetzt guckt er mich an.
»Und?«, frage ich.

Arno Funke scheint sich selbst bestens zu amüsieren. »Die Illusion war wohl perfekt gewesen, alles täuschend echt! Bis auf den Inhalt der Tüte. Im Lichtkegel meiner Taschenlampe erkannte ich, dass es wieder bloß weiße Papierschnipsel waren. Ich konnte das erst gar nicht glauben, dass die sich das getraut haben.«

Die Kunst der Ablenkung beherrschte Dagobert. Nur bei seiner Frau, einer Philippinin, kam der Verdacht auf, dass er sie betrüge, weil er so viel unterwegs war und wenig über seine Arbeit als Schildermaler und Fotograf erzählte. Sie hatte keinen blassen Schimmer, dass sich hinter ihrem Ehemann und dem Vater ihres Kindes der größte Erpresser Deutschlands verbarg. Arno Funke ging dieses Aufrechterhalten einer doppelten Identität an die Nieren. Sein Sohn war ihm wichtig, aber die ewigen Geldprobleme trieben ihn dazu, immer wieder an eine Geldübergabe zu glauben und sich neue Vorgehensweisen auszudenken.

Doch die sowieso angeschlagenen Nerven machten ihm zu schaffen; Arno Funke war immer wieder schwer depressiv und hatte sich seine Nerven auch als Kunstlackierer in der Kfz-Werkstatt eines Freundes geschädigt, wo er regelmäßig Lösungsmitteldämpfe eingeatmet hatte. Weil er es als Künstler nie zu etwas gebracht hatte, wollte er diesmal an seinen Erfolg glauben, an eine Geldübergabe, die gelingt.

Aber auch die Polizei täuschte ihn immer wieder, und so zog sich die Erpressung von Karstadt weit über ein Jahr in die Länge. »Ich war am Ende völlig durch den Wind«, meinte er zu mir.

Der Richter im späteren Prozess hatte die Polizeibeamten gefragt, ob denn überhaupt eine Übergabe hätte klappen können. Und sie sagten, dass sie das zu verhindern gewusst hätten. Somit gaben sie in gewisser Weise zu, die Menge an Anschlägen

auch provoziert zu haben. Was sich günstig für Dagobert auswirkte: Zwar hatte es bei einer Detonation zwei Personen erwischt, sie waren allerdings nur leicht verletzt worden.
Dagobert hat sich lange nicht durchschauen lassen, dann wurde er unvorsichtig und gefasst. Und ich habe am Ende des Interviews zwei Flieger verpasst – es hat sich gelohnt!

KAPITEL FÜNF:
Werde selbst ein Meister der Ablenkung: Sich durchschauen lassen war gestern!

Stell dir vor, du bist schrecklich aufgeregt vor einem Vorstellungsgespräch, aber dein hoffentlich neuer Chef soll das nicht merken. Oder du bist in eine Kollegin verliebt, aber im Betrieb ist es ein stilles Gesetz, dass man Privates und Beruf zu trennen hat. Manchmal ist es besser, seine Gefühle nicht zu zeigen. Menschen, die deine Situation zu ihrem Vorteil ausnutzen könnten, sollen gar nicht erst verspüren, was dich bewegt.
Mit Hilfe von Ablenkung kannst du verbergen, was du nicht von dir preisgeben möchtest. Und wenn du dann noch dein Wirken und Handeln auf das konzentrierst, was du erreichen willst, kommst du fast spielerisch ans Ziel. Im Folgenden erzähle ich dir von Begebenheiten und Ereignissen, die auf diese oder ähnliche Weise passiert sind, und gebe dir Tipps, wie du selbst ein Meister der Ablenkung werden kannst.

Wer sich ablenken kann, wird belohnt!

Vorschulkind, 6 Jahre
Ich darf heute in den »Überraschungsraum« unserer Krippe, ich bin sehr gespannt, was dort passieren wird. Als Frau Bellmann, eine Erzieherin, mich hineinbringt, sehe ich nur einen Tisch und einen Stuhl in dem Raum. Und da steht ein Teller auf dem Tisch. Ich darf mich auf den Stuhl vor den leeren Teller setzen. Was wohl daraufkommt? Ah, Frau Bellmann legt ein Stück Schokolade darauf. Schokolade mag ich sehr gern. Frau

Bellmann sagt: »Du darfst das Stück Schokolade essen. Aber wenn du damit wartest, bis ich wieder hereinkomme, dann bekommst du noch ein zweites Stück. Bis ich wiederkomme, dauert es eine Weile.«
»Ich darf es essen?«, frag ich schnell noch mal.
»Ja«, sagt sie, »aber wenn du wartest, bekommst du noch eins dazu. Ich geh jetzt raus, bleib schön auf dem Stuhl, okay? Bis gleich.«
Jetzt bin ich allein in dem Raum, sitze vor dem Teller und gucke die Schokolade an. Ich hätte gern zwei Stücke. Aber die sieht so lecker aus. Am besten halte ich meine Hände unter dem Tisch. Ich schaue zur Seite. Aber das kann ich nicht so lange. Wie lange dauert das denn noch? Jetzt ruckelt mein Kopf wie von selbst zum Teller runter. Mhhhm, riecht das gut. Ups, jetzt liegt meine Nase auf der Schokolade. Ach, warum nicht mal anfassen. Und in den Mund schieben? Schnell lass ich es wieder auf den Teller plumpsen. Ich rieche an meinen Händen und lecke die Finger ab. Und wenn ich nur ein ganz kleines Stück abbeiße? Ein winziges Stück? So dass es gar nicht auffällt? Mein Zeigefinger tastet das braune Quadrat ab.
Nein, nein, nein, schnell den Finger wieder weg. So tun, als ob es nicht da ist. Aber da ist meine Hand wie automatisch zu dem Teller hingerutscht. Wenn Frau Bellmann jetzt nicht endlich zurückkommt … Ich setze mich falsch herum auf den Stuhl. Und gucke in die Luft. Und zapple mit den Beinen. Gleich bekomme ich mehr Schokolade, gleich bekomme ich mehr Schokolade, Schokolade, Schokolade … Vielleicht doch noch mal daran riechen … und lecken … Mhhhm … Oje, ich kann nicht mehr warten …

Der Psychologe Walter Mischel hat genau so einen Test Ende der 60er Jahre in den USA durchgeführt. Der Test wurde unter dem Titel »Marshmallow-Test« bekannt, weil es ein Marshmallow für die Kinder gab, alternativ reichte man den Kindern aber auch ein Stück Schokolade oder einen Keks. Der Test zeigt, wie leicht oder schwer es den Kindern fällt, sich von etwas, das sie sehr gern essen wollen und dürfen, abzulenken, um sich durch den Aufschub eine Belohnung zu verdienen.

Weggucken, zappeln, singen, Grimassen schneiden, die Hand vors Gesicht halten, in eine scheinbare Starre verfallen, es gibt nichts, was die Kinder nicht ausprobieren. Jedes entwickelt unbewusst eine eigene Strategie und versucht, seine Wahrnehmung von der Süßigkeit weg auf etwas anderes zu lenken. Es gibt aber auch Kinder, die noch im Beisein der Testleiterin das eine Marshmallow genüsslich verspeisen und sich um das Versprechen eines zweiten nicht scheren.

Dies allein ist schon eine interessante Betrachtung. Aber Jahre später fand der Psychologe noch etwas Bedeutsameres heraus. Er lud die Kinder von damals noch einmal ein und befragte sie. Er stellte fest, dass die Kinder, die sich damals gut ablenken konnten und so den Aufschub erfolgreicher gestaltet hatten, es als Jugendliche in der Schule leichter und auch sonst weniger Probleme hatten. Mischel setzte die Untersuchung bis ins Erwachsenenalter der Versuchsteilnehmer fort und konnte seine Ergebnisse noch untermauern. Schulabschluss und Berufswahl, Selbstbewusstsein und Stressresistenz, Zufriedenheit in einer Partnerschaft usw.: Je nachdem, wie der Test in der Kindheit ausgefallen war, waren die Probanden als Erwachsene mehr oder weniger erfolgreich.

Einer kurzfristigen Verführung entsagen zu können ist also eine Fähigkeit, die bei der Bewältigung des Lebens sehr hilfreich sein kann! Mischel soll dazu geäußert haben, dass diese Fähigkeit an sich allerdings wertneutral sei, man brauche sie, ob man nun Mafiaboss werden wolle oder ein zweiter Gandhi. Alle Vorausschaubarkeit hat eben auch ihre Grenzen.

Die Selbstkontrolle baut sich mit dem Älterwerden erst auf, und trotzdem gibt es Erwachsene, die sich gewisse Wünsche sofort erfüllen müssen, ganz so, als wären sie ein kleines Kind. Das ist manchmal mit großen Dingen so, ein Autokauf etwa, aber auch mit vielen kleinen. Überlege selbst einmal, wie du mit deiner Lust auf Schokolade, oder was immer du besonders gern magst, umgehst. Stillst du deinen Heißhunger sofort? Oder kannst du warten? Sogar verzichten?

Wenn es dir schwerfällt, dann probiere Folgendes einmal aus und verbinde den Aufschub mit einer besonderen Belohnung. Zum Beispiel: Wenn ich eine Woche lang nichts Süßes esse oder vier Wochen lang keinen Alkohol trinke, darf ich mir etwas kaufen, das diesen Monat eigentlich nicht vorgesehen war, vielleicht ein Kleid oder neue Turnschuhe? Außerdem überlege dir, wie du dich ablenken kannst, wenn dich der Heißhunger überfällt. Stell dir zum Beispiel einfach nur vor, wie du eine ganze Tafel Schokolade Stück für Stück genüsslich isst. Stell dir vor, wie die Schokolade riecht, wie sie sich zwischen deinen Fingern anfühlt, wenn du sie in den Mund schiebst, wie sie im Mund langsam schmilzt. Oder wie du ein frisch gezapftes Bier bestellst, zusiehst, wie es in das Glas strömt, sich die herrlich weiße Krone über den Rand des Glases erhebt, du greifst danach und trinkst es in großen langsamen Schlucken aus und bestellst ein zweites.

Du denkst, dass du dich mit solchen Gedanken quälst? Falsch gedacht! Dein Heißhunger wird sich legen. Allein mit Hilfe deiner Vorstellungskraft kannst du Heißhunger besiegen. Denken kann also auch satt machen. Der größte Fehler, wenn man abnehmen möchte, ist, nicht ans Essen denken zu wollen. Dadurch steigert sich das Verlangen eher noch.

Mit dem linken Bein zuerst aufgestanden, dann noch beim Schwarzfahren erwischt – und trotzdem lächeln!

Lukas, Auszubildender, 20 Jahre
»Lukas!«
O nein, ich will nicht aufstehen. Es muss doch mitten in der Nacht sein.
»Lukas, du kommst schon wieder zu spät! Jeden Morgen das Gleiche mit dir! Ich hab das wirklich satt! Steh jetzt sofort auf!«
»Schon gut, Mum, ich beeil mich ja.« Mist, der Wecker hat nicht geklingelt. Jetzt ist es schon halb acht. Gerade mal Zeit für 'ne schnelle Dusche.
Hä? »Hey, Mum, das Wasser wird nicht warm.«
»Beeil dich, Lukas!«
Zehn Minuten später: »Tschüss, ich bin dann weg!«
»Wird auch Zeit!«
Ich renne aus dem Haus und zur U-Bahn, die ich aber nur noch von hinten sehe, die nächste verspätet sich wegen Gleisarbeiten. Hey? Kann mal jemand diesen miesen Film stoppen? Mein Chef kennt bestimmt keine Gnade mehr. Hat beim letzten Mal mit einer Verwarnung gedroht. Und gerade heute, wo meine erste eigene Bauzeichnung fertig werden muss. Und demnächst die Beurteilung geschrieben wird.
Fünfzehn Minuten später in der U-Bahn: »Die Fahrkarten, bitte!«
Wo hab ich denn ... Auch das noch! »Äh, ich habe meine Monatskarte vergessen.«
»Können Sie sich denn ausweisen?«
»Der Perso ist auch im Portemonnaie.«
»Dann steigen Sie mal mit uns aus.«
O nein, ich darf wirklich nicht zu spät kommen. Verdammt noch mal, haben sich heute alle gegen mich verschworen? Ich

hätte Lust, dem Kontrolleur 'nen Spruch reinzudrücken. Aber ich ziehe bewusst meine Mundwinkel nach oben und lächle. Ich höre mich freundlich sagen, dass ich den Herren doch einfach meine Adresse geben kann, und nenne mit offenem, vertrauensvollem Blick meinen Namen und meine Adresse.

»So einfach geht das nicht, junger Mann, haben Sie nicht irgendetwas dabei, eine Geldkarte oder einen Mitgliedsausweis mit Ihrem Namen drauf?«

»Alles im Portemonnaie, leider.« Ich lächle einfach immer weiter. »Aber Sie können meine Mutter fragen.« Ich ziehe das Handy aus der Jackentasche und will schon die Nummer anzeigen lassen.

»Gut, gut. Dann glauben wir Ihnen mal. Wir haben alles notiert, Sie müssen die Monatskarte dann bei den Verkehrsbetrieben vorzeigen und ein entsprechendes Bußgeld zahlen. Und das nächste Mal: Portemonnaie einstecken!«

»Wird gemacht.« O Mann, ich hätte lieber gezischt: »Was geht das denn euch an, ihr Wichtigtuer!« Nicke stattdessen zum Abschied noch einmal freundlich. Immerhin komme ich jetzt noch so eben pünktlich zur Arbeit und hole mir nicht auch noch eine Verwarnung. Was ich mir jetzt lieber nicht vorstelle, ist, wenn ich meine Mutter wirklich hätte anrufen müssen.

Lukas ist der jüngere Bruder eines Freundes. Am Abend nach diesem »Horrormorgen«, wie er ihn nannte, war ich zum Grillen bei der Familie eingeladen. Lukas erzählte in größerer Runde, was ihm passiert war. Damals lachten wir uns schlapp. Aber als ich später noch einmal darüber nachdachte, wusste ich, dass er sich mit seinem Verhalten, seiner Mimik, seinen Worten den A… gerettet hatte.

Er schaffte es, trotz der widrigen Umstände – Wecker klingelt nicht, er muss kalt duschen, er verpasst eine Bahn, und er ist sehr spät dran, er kommt in eine Fahrausweiskontrolle, er hat sein Portemonnaie mit der Monatskarte nicht dabei – die aufgestauten negativen Gefühle nicht nach außen zu kehren. Er zeigte den Kontrolleuren seinen Ärger nicht und entging so der Gefahr, dass diese ihn als aggressiv gegen sie selbst einstuften. Er versuchte auch nicht, sich durch Erklärungen herauszureden, sondern blieb scheinbar ruhig und freundlich. Er ließ sich nicht durchschauen, sondern agierte so, dass die Kontrolleure schließlich das taten, was er wollte: seinen Namen und die Adresse notieren und ihn weiterfahren lassen. Indem er von der fehlenden Fahrkarte ablenkte und vorschlug, seine Mutter anzurufen, gewann er das Vertrauen der Kontrolleure, und die Männer ließen ihn, was sonst eher unüblich ist, weiterfahren.

Auch du kannst es schaffen, eine negative Situation zu retten, wenn du freundlich agierst, selbst wenn du innerlich vor Wut oder Ärger platzen könntest. Lenke von deiner aufgewühlten Stimmung ab und lächle. Ein Lächeln kann Wunder bewirken! Wer seine Mitmenschen freundlich anlächelt, der wird für ausgeglichen und nett gehalten. Du kennst das sicher: Wie man in den Wald hineinruft, so schallt es zurück. Und Lächeln steckt an.

Noch etwas: Allein das Heben der Mundwinkel sorgt in unserem Gehirn dafür, dass wir gute Gefühle entwickeln und uns wohl fühlen. Probiere es gleich mal aus: Lächle und gib deinem Gesicht einen zufriedenen Ausdruck. Und? Zu viel versprochen?

Betty, Schülerin, 15 Jahre alt
Morgen schreiben wir einen Mathetest. Und ich muss ausreichend Punkte bekommen, sonst war es das mit dem Traum vom Abi. Ich werde für die Oberstufe nur zugelassen, wenn ich in Mathe eine Vier schaffe. Aber leider hat mich das Thema mal wieder nicht erreicht, und dann der Stress mit Ben, diesmal hab ich mich getrennt, und ich glaube, diesmal war es das auch wirklich.
Und jetzt sitze ich hier über den Kopien mit Formeln und Aufgaben zum Berechnen von Dreiecken, die mir Janine gemacht hat. Wer sich so 'n Quatsch ausdenkt, der muss Schüler hassen und quälen wollen! Ich versuche jetzt schon zum gefühlten hundertsten Mal, eine blöde Aufgabe zu lösen, aber ich kann mir die Formeln einfach nicht merken.
Und ich muss immer wieder an das Gespräch mit Janine und Farid in der Pause denken. Die beiden hatten gemeint, ich solle mir einen Spickzettel machen. Wir haben dann die ganze Pause mit Überlegungen zum Spicken verbracht. Ich hatte mir vor Jahren einmal ein paar Formeln in die Hand geschrieben. Der blanke Horror! Ich hab mich nicht getraut draufzuschauen und hatte am Ende fast einen Krampf in der linken Hand.
»Du musst miniklein auf einen Minizettel schreiben«, riet mir Janine. »Und der kommt dann ins Stiftemäppchen.«
»Stiftemäppchen dürfen wir nicht auf dem Tisch haben«, sagte ich erleichtert. »Überhaupt, was für eine tolle Idee, dann sitze ich da wie ein Maulwurf und kann das nicht mehr entziffern.«
»Man muss erst einmal überlegen, was passieren kann, wenn du einen großen Spickzettel dabeihast«, sagte Farid. Plötzlich war Leben in ihn gekommen. Unser Zauberlehrling fing an, mir einen Vortrag zu halten. »Der Bartels könnte dich erwischen,

wenn du den Zettel herausholst oder auffaltest, oder wenn du das Blatt auf dem Tisch liegen hast oder wenn du es nach der Klausur wieder verschwinden lassen willst. Also ist das Wichtigste, dass der nicht mitbekommt, dass du überhaupt einen Spickzettel hast.«

»O Farid, das ist ja superschlau!«

»Halt, warte, die Lösung sieht so aus: Der Zettel muss die ganze Zeit schon da sein. Der Bartels muss ihn sogar sehen dürfen, theoretisch müsstest du ihn ihm unter die Nase halten können. Da du bis morgen wahrscheinlich keine Stifte mit Geheimfach besorgen kannst, solltest du den Zettel am besten mit abgeben.«

»Erde an Farid, komm mal runter, das ist keine Zaubernummer. Kannst du nicht einmal ernst bleiben?« Ich wollte mich schon abwenden, es musste sowieso bald zum Ende der Pause klingeln.

»Hey, Betty, ich meine das ernst, und ich will wirklich nur helfen. Hör doch erst mal zu: Der Spickzettel muss so aussehen wie die leeren Blätter, die wir für die Tests immer ausgeteilt bekommen. Dürft ihr Schmierblätter benutzen?«

Ich nickte. Langsam dämmerte mir, worauf Farid hinauswollte.

»Du darfst dir während des Tests Schmierzettel anfertigen, also muss der Spickzettel wie ein Schmierzettel aussehen, gleiches Papier, mit demselben Stift beschrieben, den du im Test benutzt.«

»Und den muss ich dann mit dem anderen Papier auf den Tisch schmuggeln?«

»Genau, warte, da zeige ich dir noch einen Trick. Warte …«

Er hat mir dann tatsächlich mit Spielkarten, die er immer in irgendeiner Tasche dabeihat, gezeigt, wie man eine Karte unsichtbar werden lässt. Ich habe es ein paarmal versucht, aber dann gongte es. Eben habe ich es ein paarmal mit Papier versucht, und es hat tatsächlich geklappt.

Betty hat mit mir Abi gemacht, so viel dazu. Die Idee mit dem Schmierzettel hatten bestimmt schon Generationen vor mir, aber manchmal muss man das Rad eben noch mal neu erfinden. Genial an diesem Täuschungsmanöver ist: Wenn ein Spickzettel nicht wie ein Spickzettel aussieht, kann einem der Lehrer auch keinen Täuschungsversuch nachweisen. Er kann einen beim besten Willen nicht durchschauen. Und darauf kommt es – neben einer guten Note – doch letztendlich an.
Auf Schmierzetteln darf man nicht nur rumschmieren, sondern auch Formeln notieren, Ideen zu Lösungen aufschreiben, Aufgaben vorrechnen usw. Die Grundidee war also, einen Spickzettel so zu schreiben, dass er aussah, als wäre er während des Tests geschrieben worden! Somit konnte man den Spickzettel als vermeintlichen Schmierzettel auch mit abgeben. Günstig wäre es, wenn man auf den Schmierzettel mit den Formeln möglichst noch rasch ein paar andere Notizen im direkten Bezug zur Klausur dazunotiert, das macht das Ganze noch glaubwürdiger, und man ist absolut clean!
Der Kartenzaubertrick, den ich Betty gezeigt habe, damit sie den Spickzettel zwischen den Schmierblättern verschwinden lässt, ist wirklich ganz einfach, ein bisschen üben wird aber schon nötig sein. Wenn der Lehrer das Schmierpapier mitbringt, dann muss man den Spickzettel noch dazwischenbekommen, heikel, aber machbar. Und wenn man die Blätter noch mal vorzeigen muss, dann gibt es besagten Trick. So geht er:

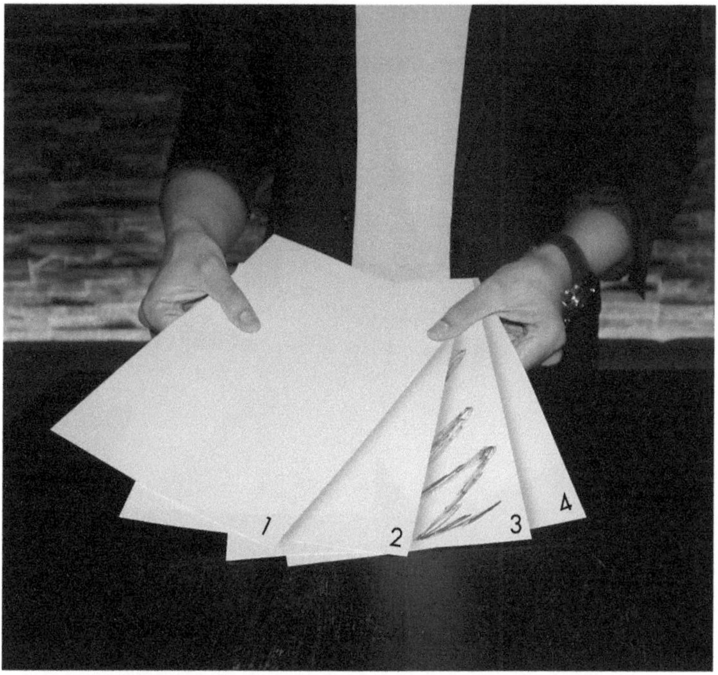

Am besten besorgt man sich eine DIN-A4-Seite aus einem Schreibwarenladen, die etwas dicker beschaffen ist als das normale Schmierpapier, denn dann lässt sie sich besser schieben oder mit dem Daumen wegdrücken. Diese beschriebene Seite liegt an der dritten Stelle von oben in dem Schmierpapierstapel.

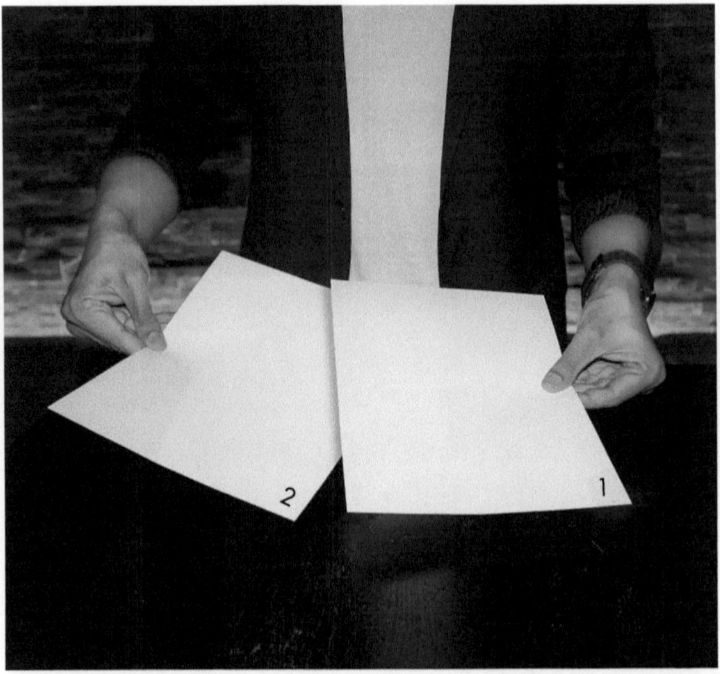

Bittet dich der Lehrer, die einzelnen Blätter herzuzeigen, ziehst du zunächst mit der linken Hand das oberste Blatt nach links ab.

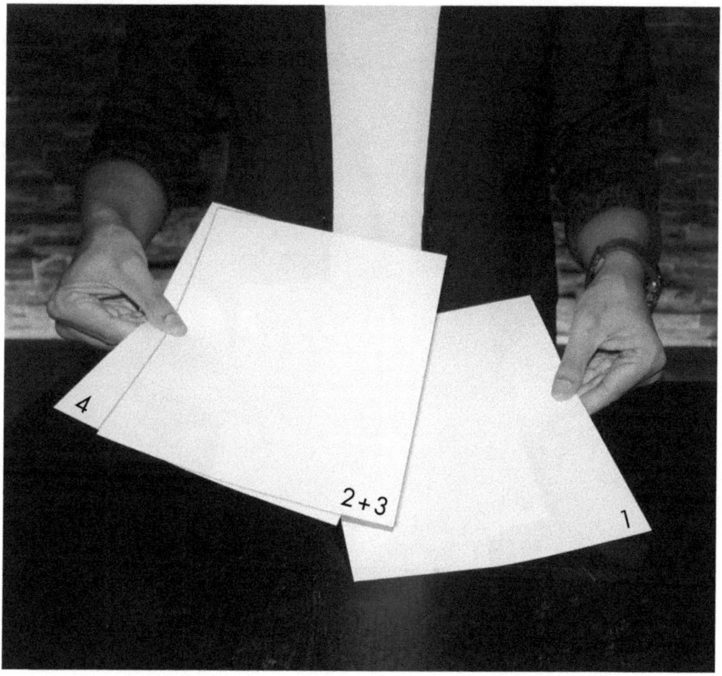

Tu so, als ob du das zweite Blatt nach links legen würdest, und drücke mit dem Daumen der rechten Hand das dritte Blatt – das beschriebene – gleich mit. Es versteckt sich sozusagen unter Blatt zwei.

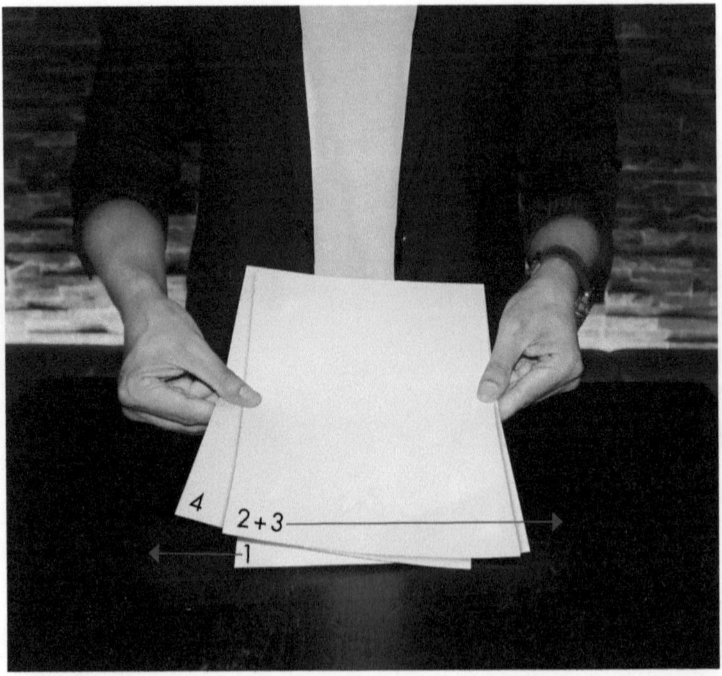

Jetzt kommt der Trick! Während du Blatt 2 (und gleichzeitig Blatt 3) in die linke Hand schiebst, nimmt die rechte Hand Blatt 1 wieder mit auf die rechte Seite – das wird der Lehrer nicht bemerken, denn Blatt 1 liegt bei der Übergabe ja direkt unter Blatt 4.

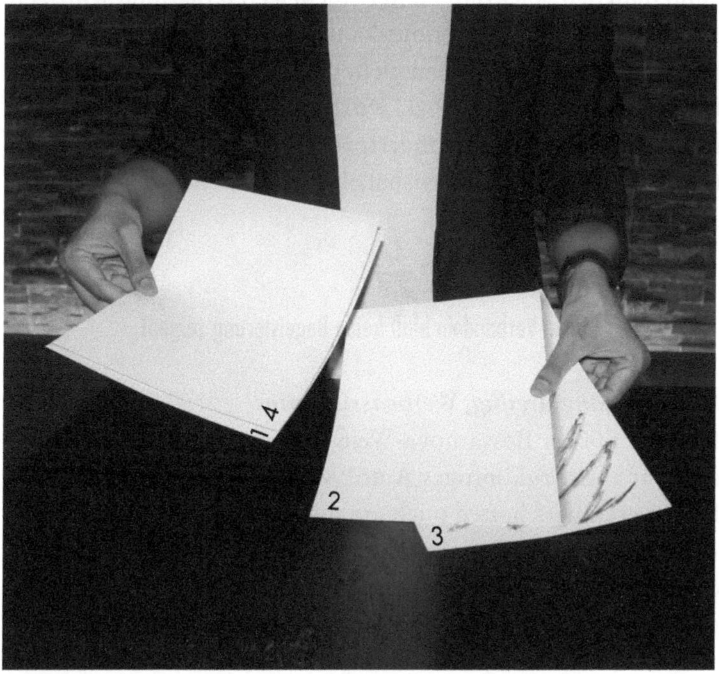

Das beschriebene Blatt 3 liegt also nun auf der linken Seite unter Blatt 2, ohne dass du es herzeigen musstest! Auf der rechten Seite verbleiben Blatt 1 und Blatt 4, und die sind clean, so dass du sie nun nacheinander nach links abzählen kannst.

Dieser Trick ist nur für den äußersten Notfall gedacht, sogar ich musste bei der Schmierzettel-Methode meine vier präparierten Blätter noch nie vorzeigen. Es schadet aber sicher nicht, wenn du ihn dir aneignest – so wird auch die Fingerfertigkeit geschult. Alternativ – falls der Kunsthandgriff zu schwer sein sollte – kann man den Spickzettel unter einem leeren Blatt mit winzigen Klebepunkten fixieren. Somit kann man die Zettel von beiden Seiten vorzeigen, wenn man nicht gerade einen dick durchscheinenden Edding benutzt hat, wovon ich selbstverständlich abrate. Erst wenn man hundertprozentig sicher ist, dass man nichts mehr zu befürchten hat, löst man den Spickzettel von seinem Deckblatt.

Beim Verhandeln bloß keine Begeisterung zeigen!

Lidia, Anfang dreißig, Werbeassistentin
Ein Fiat 500 in Bossa-nova-Weiß und mit rotem Cabriodach, das war mein zukünftiges Auto! Von der Onlineanzeige eines Privatverkäufers hatten mich am meisten die Fotos interessiert: von vorn, von der Seite, von schräg oben, von hinten, mal mit offenem Dach, mal geschlossen. Traumhaft schön, der Wagen, genau so, wie ich mir mein neues Auto gewünscht hatte, nachdem ich die letzten Jahre den Opel Corsa meiner Großmutter, sozusagen ein Erbstück, gefahren habe.
Da ich keinen blassen Schimmer vom Innenleben eines Autos habe, war klar, dass ich zur Besichtigung des Gebrauchtwagens einen fachkundigen Menschen mitnehmen musste. Das war Metti, der selbst eine Kfz-Werkstatt besitzt und der alles andere als begeistert von meiner Autowahl war.
»Nimm lieber ein richtiges Auto, Lidia«, hatte er gleich zu Beginn am Telefon gesagt. »Ich werde dir ein Auto besorgen,

das du die nächsten Jahre ohne Probleme fahren kannst. Und der Preis stimmt dann auch.«

Es hörte sich alles vernünftig an, aber … Metti redete noch eine ganze Weile auf mich ein, aber ich hatte mich nun mal in den kleinen Italiener verliebt. »Der oder keiner!«

Wenige Stunden später holte mich Metti ab, und wir fuhren zu der Adresse in Hagen. Unterwegs sagte mir Metti, wie ich mich zu verhalten hatte: »Wir gucken uns den Wagen erst mal in Ruhe an, bevor wir irgendetwas äußern. Am besten lässt du mich reden und Fragen stellen. Und dann machen wir eine Probefahrt.«

»O ja, fein.«

»Lidia, du darfst auf keinen Fall diese leuchtenden Augen machen, wenn wir über den Wagen sprechen. Schließlich wollen wir den Preis so weit wie möglich runterdrücken.«

»Klar. Mach ich nicht.«

Als wir ankamen, strahlte uns der Ehemann der Besitzerin verkaufsfreudig an. Und ich strahlte den Fiat kauffreudig an. Und Metti schaute grimmig erst den Verkäufer, dann den Fiat und dann mich an. Ich hüstelte verlegen hinter meiner Hand, so als hätte ich mich verschluckt, tatsächlich versuchte ich, die Mundwinkel wieder in eine neutrale Position zu schieben, denn irgendwie schienen sie wie von einer Himmelsanziehung nach oben gezogen zu werden.

Der Verkäufer ergriff das Wort und lobte den Wagen. Das hörte sich alles ganz phantastisch an: »Garagenwagen aus erster Hand, 29 000 Kilometer, sehr gepflegt, ein wunderbares Fahrgefühl, tolle Wochenendausflüge …«

An der Stelle ging Metti dazwischen: »Und woher rührt der Lackschaden vorn rechts? Kann ich mal den Motor hören? Bremsbeläge? Letzte Inspektion? Innenbeleuchtung schwach! Batterie?«

Sprach Metti von dem gleichen Auto wie der Verkäufer und wie

ich? Von meinem Fiat Cabrio in Bossa-nova-Weiß mit rotem Dach? Die Verunsicherung ließ zumindest mein debilverliebtes Lächeln verschwinden, das sich immer wieder auf mein Gesicht geschlichen hatte. Hatte sich Metti mit seinem breiten Kreuz deshalb einfach vor mich gestellt? Ich trat zur Seite, um Wagen und Verkäufer wieder in Augenschein nehmen zu können.
»Jetzt machen Sie erst mal eine Probefahrt, dann können wir immer noch über Details sprechen«, sagte der Verkäufer, der sich in seiner positiven Ausstrahlung nicht beirren ließ, was eindeutig für den Wagen sprach, wie ich fand.
Das ließ ich mir nicht zweimal sagen und düste mit Metti als Beifahrer los. Das Auto fuhr sich phantastisch. Ich fühlte mich hinter dem schwarzen Lederlenkrad sofort wohl.
Bis mich Metti aus meinen Träumen riss: »Sag mal, hast du das eben gehört? Hört sich an, als ob die Bremsbeläge schon durch wären. Ich finde, der Wagen ist völlig überteuert. Über 8000 solltest du dafür nicht hinlegen. Und dann denke ich immer noch, dass du für das Geld ein besseres Auto bekommen könntest.«
»Äh, ja, Runterhandeln ist prima. Dann gebe ich nicht mein ganzes Erspartes dafür aus. Ich bin gleich auch ganz brav und sage keinen Ton. Und gucke skeptisch. Versprochen, Metti. Aber ich will diesen Wagen!«

Lidia, die Bekannte von Metti, der ein sehr guter Freund von mir ist, hat den Wagen tatsächlich für 8000 Euro bekommen. Ohne ihn hätte sie bestimmt 11000 bezahlt, das war der angegebene Preis im Internet. Dank Metti, der die Ablenkmanöver des Verkäufers sofort durchschaute und immer wieder auf die Mängel des Wagens hinwies. Metti checkte den Wagen dann in seiner Werkstatt, in der er für mich auch schon so manches Hilfsgerät gebaut hat, gleich noch mal durch, und außer den Bremsbelägen war zum Glück alles in Ordnung.

Wie halte ich einen guten Vortrag? Oder: Wie lasse ich es mir nicht anmerken, dass ich vor Angst gerade sterbe?

Tatsächlich habe ich selbst kein Problem mehr damit, vor Leuten frei zu sprechen, das wäre dann auch wirklich ein Problem als Unterhaltungskünstler. Frei sprechen gehört einfach dazu, noch dazu sollte ich dabei auch witzig sein, Spannung erzeugen, komplexe Sachverhalte einfach rüberbringen, als Magierpersönlichkeit überzeugen, mein Publikum täuschen und anderes mehr.

Natürlich war das bei mir nicht immer so, ich habe mir das erst im Laufe der Zeit angelernt. Auch ich kenne diese Momente, wenn man, womöglich noch schlecht vorbereitet, zum Beispiel ein Referat in der Schule halten muss. Die Hände zittern und sind nass vor Schweiß; man wagt nicht, sein Publikum anzuschauen, sondern liest alles monoton vom Blatt ab, in der Hoffnung, so nicht den Faden zu verlieren; rote Flecken breiten sich im Gesicht aus; und alle sehen natürlich, wie nervös man ist. In dem Moment hat man das Gefühl, man würde gleich vor versammelter Mannschaft im Erdboden versinken.

Einen Vortrag frei zu halten, das muss jeder erst einmal üben – Naturtalente gibt es hier wie auch in allen anderen Bereichen nur selten. Allein im Internet findet man genügend Tipps rund um das Thema Rhetorik: gute Vorbereitung; deutliches, langsames und betontes Sprechen; nicht vom Blatt ablesen; besser nur Karteikarten mit Stichpunkten dabeihaben als das ganze niedergeschriebene Referat; und dann möglichst frei sprechen; Blickkontakt mit den Zuhörern halten; das Referat abwechslungsreich gestalten, also möglichst auch Visualisierungen wie eine Powerpoint-Präsentation oder Folien – das sind im Wesentlichen die Grundlagen für einen gelungenen Vortrag.

Ehrlich gesagt bin ich auf dem Gebiet kein Experte, was ich dir mitgeben kann, ist aber mindestens ebenso wichtig: Ich kann dir zeigen, wie du vorgehen musst, damit du das Publikum von deiner Angst so ablenkst, dass es deine Nervosität erst gar nicht bemerkt. Beeinflusse dich selbst! Du kannst dir die Angst nämlich nicht vorher abtrainieren, du wirst sie nur durch Übung los, also musst du sie am Anfang erst einmal kaschieren. Und zwar erstens durch scheinbare Souveränität und zweitens mit Humor.

1. Um souverän zu erscheinen, solltest du:

   - dich gedanklich in eine Stimmung bringen, die dich stärkt. Denke: Ich schaffe das! Stell dir vor, wie du den Vortrag oder das Referat mit Erfolg hältst. Wer sich vorstellt, wie er sein Ziel erreicht, wird es auch leichter erreichen. Übe dein Referat am besten vor dem Spiegel. Erinnere dich dran, wie du dich in Gedanken gesehen hast. Nimm diese Haltung ein.
   - deine Stimme aufnehmen und sie dir anhören! Betonst du die Sätze gut, sprichst du nicht zu schnell? Man wundert sich, was einem alles auffällt, wenn man sich mal selber reden hört!
   - bewusst auf deine Körperhaltung achten. Deine Gedanken beeinflussen deine Körperhaltung, und deine Körperhaltung hat Einfluss auf deine Gefühle. Wer eine selbstbewusste Haltung einnimmt, fühlt sich auch selbstbewusst: Probiere aus, wie dein Körper reagiert, wenn du ängstlich bist. Setze dich so hin, wie du dich hinsetzt, wenn du Angst hast. Wie fühlt sich der Körper an? Verkrampft? Zusammengezogen? Unwohl? Dein Kopf ist gesenkt, so als wolltest du dich vor etwas ducken? Nun probiere aus, wie sich dein Körper anfühlt, wenn

du voller Energie und selbstbewusst bist. Stell es dir vor und setze dich anders hin. Wie ist dein Körper jetzt? Aufrecht? Eine angenehme Körperspannung ist wieder da? Du hättest Lust aufzustehen, dich in ganzer Größe hinzustellen? Du lächelst womöglich sogar? Bewahre dieses Körpergefühl in Gedanken.

- Probiere nun aus, was dein Körper macht, wenn du selbstbewusst vor Publikum stehst. Fühle dich in dieses Körpergefühl vor einem Spiegel ein. Wiederhole diese Übung so oft wie möglich. Und nimm diese Körperhaltung beim Proben des Vortrags und beim Vortrag selbst ein.
- Tritt nicht mit kurzen, zögerlichen Schrittchen vor deine Zuhörer, sondern mit festem Schritt. Übe auch das Gehen.
- bei deinem Vortrag zu Beginn erst einmal freundlich in die Runde schauen, statt dass du es vermeidest, die Leute anzuschauen. Wetten, du siehst in eine Menge freundlicher Gesichter?

2. Das beste Mittel, seiner Vortragsangst zu begegnen, ist Humor. Kein Mensch ist perfekt – denke immer daran! Und kein Mensch ist eine Maschine, die eine Rede einfach so abspult. Wer Menschen begeistern möchte, egal ob in der Schule oder im Beruf oder im Privaten, sollte so authentisch wie möglich wirken, damit er sympathisch, überzeugend und glaubhaft erscheint. Wer authentisch ist, braucht seine Schwächen auch nicht zu vertuschen, denn sie gehören zu uns, sie sind es gerade, die uns besonders machen. Und wer mit seinen Schwächen humorvoll umgehen kann, der gewinnt seine Zuhörer im Sturm. Humor hilft nämlich, Spannungen zu lösen, auf beiden Seiten – bei Redner und Zuhörern. Und wenn man über den Humor eine persönliche

Beziehung zu den Zuhörern aufbaut, steigert das das Interesse auf das eigentliche Thema. Hier gebe ich mal ein paar konkrete Beispiele:

- Du bist kleiner als die meisten anderen Männer/Frauen und fühlst dich deshalb bei Vorträgen immer unwohl. Was soll's. Eröffne deinen Vortrag mit einem Spruch wie dem: »Nicht dass Sie denken, ich steh in einem Loch, ich bin so klein.« Und schon wirst du ein befreiendes Lachen hören, das dir die Herzen der Zuhörer schenkt, bevor du mit deiner Rede überhaupt angefangen hast.
- Eine saloppe Eröffnung eines Referats zum Beispiel bekommt man mit solch einer Bemerkung hin: »Ich erzähle euch jetzt erst einmal ein paar neue Dinge und dann welche, die ihr noch nicht kennt.« Aber Achtung, solch ein lockerer Scherz passt nicht zu jedem Publikum!
- Dein Chef bittet dich in einer laufenden Konferenz, ein paar Worte zu einem bestimmten Thema zu sagen, aber du bist nicht wirklich gut vorbereitet. Am besten, du beginnst frei nach Heinz Erhardt: »Wer so spontan eine Rede halten soll, muss sich erst mal fassen und am besten kurz!« Oder: »Man macht gewöhnlich viele Worte, wenn man nichts zu sagen hat, deshalb fasse ich mich kurz.« Während du das sagst, kannst du schon den ersten Gedanken zum Thema fassen – du verschaffst dir also selbst eine kurze Denkpause.
- Du weißt, dass du kein guter Redner bist? Steh dazu: »Wenn Sie während meines Vortrags Müdigkeit überfallen sollte, bitte ich Sie, auf eine Anzeige zu verzichten.« Seine eigenen Fehler oder Schwächen humorvoll zu benennen, ist der beste Weg, die Zuhörer für sich zu gewinnen. Humor berührt die Zuhörer emotional. Und

wer emotional berührt ist, der hört auch mit mehr Interesse zu. Außerdem erzeugt gemeinsames Lachen ein Wir-Gefühl, das die Stimmung der Veranstaltung mit Sicherheit hebt.

Natürlich passen diese Beispiele nicht für alle Situationen, aber ich bin sicher, sie lassen sich für viele verschiedene Anlässe abwandeln. Viel Spaß dabei!

Zum Schluss

Ich glaube, es gibt noch viele Dinge, die wir als »magisch« betrachten – nicht umsonst erleben wir einen magischen Sonnenuntergang oder einen magischen Kuss. In diesem Buch wollte ich zeigen, was das Geheimnis meiner Magie ist: Sie wird vor allem durch geschickte Ablenkungsmanöver erzeugt. Dass dahinter fast schon mathematische Planung und eine präzise Ausführung stecken, ist wahrscheinlich vor allem bei den Übungen deutlich geworden. Deshalb würde ich hier eher von Talent und einer gewissen Gabe sprechen.

Obwohl ich nicht mit höheren Mächten in Verbindung stehe und auch nicht über übernatürliche Kräfte verfüge, bin ich mir sicher, dass es Dinge gibt, die wir Menschen rational nicht begreifen können. Da gibt es zum Beispiel immer wieder denkwürdige Zufälle, wie zum Beispiel den Auto-Crash in Tunesien, bei dem wir nur knapp verschont wurden. Bestimmt hast du auch schon merkwürdige Momente erlebt, die du dir nicht erklären konntest!

Ich finde, man muss auch gar nicht alles erklären können. Wir Menschen würden uns ansonsten um intensive, überraschende und schöne Erlebnisse bringen. Mir geht es eigentlich so, seit ich mit der Zauberei angefangen habe: Je intensiver ich mich mit bestimmten Illusionen befasste, desto größer war oft die Begeisterung dafür.

Deswegen möchte ich auch an meine Leser und natürlich an alle Zuschauer in meinen Shows appellieren: Lasst euch die magischen Momente in eurem Leben nicht nehmen! Dem einen macht es Spaß, hinter meine Tricks zu kommen – der andere

möchte sich einfach nur zurücklehnen und die Illusionen genießen. Genau darum geht es: das Leben auch mal spielerisch zu nehmen, sich in eine andere Welt entführen zu lassen, einfach mal träumen, ohne allzu viel nachdenken zu müssen!
Wir leben in einem Hightech-Zeitalter mit täglichem technologischem Fortschritt. Und doch gibt es trotz aller Technik noch Mysteriöses auf der Welt. Vielleicht ist es auch so: Je größer der technologische Fortschritt, desto mehr entsteht in den Menschen das Bedürfnis nach etwas Geheimnisvollem. Auch darum geht es mir mit meiner Magie: Ich möchte einen Ausgleich zur rationalen Welt schaffen.
Magie hat eine zeitlose und emotionale Wirkung, das ist mir bei all meinen Kunststücken bewusst. Dadurch, dass ich meine Zuschauer auf der persönlichen Ebene, in ihren Gefühlen berühre, möchte ich ihnen etwas Einzigartiges vermitteln. Ich möchte mein Publikum verführen und berühren – und damit einen Gegenpart zum durchstrukturierten Alltag bieten.

Oft sagen mir die Leute, dass ich mir das Kind in mir bewahrt habe, was für mich ein großes Kompliment ist. Ich bin sehr dankbar, dass ich jeden Tag in diese magische Welt abtauchen darf – ich habe einfach den genialsten Beruf überhaupt!
Dass das nicht selbstverständlich ist, ist mir bewusst. Deshalb möchte ich mich an dieser Stelle bei allen Menschen, die mich darin unterstützt haben, mein Hobby zum Beruf zu machen, bedanken.
An erster Stelle natürlich bei meiner Familie, die immer hinter mir stand. Leider hat mein Vater mich nie auf einer großen Bühne oder im Fernsehen gesehen. Er verstarb wenige Wochen vor meinem ersten Auftritt bei *The next Uri Geller* nach einer OP aufgrund eines Versorgungsfehlers im Krankenhaus. Das war ein harter Schlag für meine Familie, den wir bis heute – immer-

hin fünf Jahre sind seitdem vergangen – noch nicht überwunden haben. Ich hätte mir sehr gewünscht, dass mein Vater meinen Erfolg mitbekommt.
Als ich nach Ende der TV-Arbeiten allein und zum ersten Mal den Friedhof besuchte, war ich in Gedanken versunken, als mich plötzlich eine kleine Gruppe Jugendlicher ansprach. Sie mussten mir schon in den Friedhof hinein gefolgt sein. Ich blieb stehen, um mit ihnen zu sprechen. Sie sahen ein, dass der Friedhof kein geeigneter Ort für eine Autogrammstunde ist. Ich habe ihnen dann trotzdem ein Autogramm gegeben, mein erstes außerhalb der Studios übrigens. Obwohl mich das respektlose Verhalten der Jugendlichen im ersten Moment sehr verärgerte, wurde mir im Auto klar: Hey, Papa, jetzt bekommst du doch noch ein Stückchen von meinem Erfolg mit!
Ich danke auch meinen Freunden und meinem ganzen Team (Omar Afkir, Tom Arbabi, Pierre Awlime, Nizar Ayeb, Bora Gezim, Metti Gurazio, Oliver Henke, Lorenzo Romano, Dennis Senff, Johannes Strachwitz, Nico Zeh) für die geniale Arbeit und dass sie mir stets den Rücken freihalten, damit ich neben allen Verpflichtungen Zeit und Freiraum habe, um neue Ideen und Illusionen zu finden.
Ich bedanke mich bei allen Interviewpartnern im Buch für die wertvolle Zeit, die sie mir geschenkt haben.
Und natürlich danke ich meinen Fans, ohne die ich nicht da wäre, wo ich heute bin.

Danke an Sie und an alle, die Magie mit mir teilen!
Stay magic, euer Farid!

Literaturverzeichnis

Benzinger, Olaf: »Das Buch der Zauberer«, Deutscher Taschenbuch Verlag, München 2003

Blaine, David: »Mysterious Stranger. A Book of Magic«, Channel 4 Books, London 2002

Carter, Rita u.a.: »Das Gehirn«, Dorling Kindersley Verlag, München 2010

Dobelli, Rolf: »Die Kunst des klaren Denkens. 52 Denkfehler, die Sie besser anderen überlassen«, Hanser Verlag, München 2011

Erens, Oliver: »Zauberei für Dummies«, WILEY-VCH Verlag, Weinheim 2011

Funke, Arno: »Mein Leben als Dagobert. Die Bekenntnisse des Kaufhauserpressers«, Fischer Taschenbuch Verlag, Frankfurt am Main 2000

Kritz, Dr. Volker und Tisch, Dr. Manuel: »Psycho? Logisch! Nützliche Erkenntnisse aus der Alltagspsychologie«, Wilhelm Heyne Verlag, München 2011

Merkel, Friedrich: »Wie man die Aufmerksamkeit des Zuschauers manipuliert«, Atrioc-Verlag, Bad Mergentheim 2007

Michalski, Martin: »Das große Buch vom Zaubern«, VPM Verlagsunion Pabel Moewig KG, Rastatt o.J.

Nelms, Henning: »Zauberei und Schauspielkunst. Ein Handbuch für Zauberkünstler«, aus dem Englischen übertragen von Christian Scherer, Christian Scherer, Thun 2004

Stagnaro, Angelo: »Ex Nihil. Eine Anleitung zum modernen Cold Reading«, Zauberhandlung Manipulix, Lalling 2004

Willmann, Carl: »Handbuch der klassischen Zauberkunst«, Anaconda Verlag, Köln 2005

Zmeck, Jochen: »Handbuch der Magie«, Henschel Verlag, Sonderausgabe 2003 für Spezialgeschäft für Zauberkunst Alfred Kellerhof

Zmeck, Jochen: »Wunderwelt Magie«, Henschel Verlag Kunst und Gesellschaft, DDR – Berlin 1966

Tatjana Strobel

Ich weiß, wer du bist

Das Geheimnis, Gesichter zu lesen

Form und Aufteilung des Gesichts verraten mehr über uns, als wir denken. Tatjana Strobel ist Expertin für Physiognomik. Sie kann in dem Gesicht einer Person ihren Charakter und ihre Persönlichkeit erkennen. Schritt für Schritt erklärt sie die Grundlagen dieser Technik und weiht uns in das Geheimnis des Gesichterlesens ein. Sie zeigt, wie man einen Menschen schon bei der ersten Begegnung einschätzen kann, und verrät außerdem, wie man sich selbst besser kennenlernen und die gewonnenen Erfahrungen für die persönliche Entwicklung nutzen kann.

Wer »Ich weiß, wer du bist« gelesen hat, wird sein Spiegelbild in Zukunft mit anderen Augen betrachten.

Knaur Taschenbuch Verlag